Alexis Martin est né à Montréal en 1964. Formé au conservatoire d'art dramatique et au département de philosophie de l'Université de Montréal, il a écrit plus de vingt-cinq pièces de théâtre et joué pendant près de trente ans sur les scènes montréalaises, au Québec et à l'étranger, en plus d'œuvrer au cinéma et à la télévision comme acteur et scénariste. Il est codirecteur du Nouveau Théâtre Expérimental.

Pierre Lefebvre est l'auteur de l'essai *Confession d'un cassé* publié aux éditions du Boréal, de même que de deux pièces de théâtre *Loups* et *Lortie*. Rédacteur en chef de la revue *Liberté* de 2005 à 2017, il a également réalisé plusieurs documentaires radiophoniques pour Radio-Canada.

EXTRAMOYEN !

Alexis Martin
et Pierre Lefebvre

EXTRAMOYEN !

Splendeur et misère de la classe moyenne

théâtre

H
hamac

Chargé de projet : Jonathan Caquereau Vartabédian
Révision : Julie Veillet
Coordination éditoriale : Marie-Michèle Rheault
Mise en pages : Pierre-Louis Cauchon
Photographie de la couverture : Lou Scamble
Photographies de la représentation : Marlène Gélineau-Payette
Maquette de couverture : Francesco Gualdi

Si vous désirez être tenu au courant
des publications de HAMAC,
vous pouvez nous écrire par courrier,
par courriel à info@hamac.qc.ca
ou consulter notre catalogue sur Internet :
www.hamac.qc.ca

835, av. Turnbull
Québec (Québec)
G1R 2X4

Dépôt légal :
Bibliothèque et Archives
nationales du Québec, 2018
ISBN papier : 978-2-89448-967-3
ISBN PDF : 978-2-89448-968-0
ISBN EPUB : 978-2-89448-969-7

Diffusion au Canada :
Diffusion Dimedia
539, boul. Lebeau
Montréal (Québec)
H4N 1S2

Ventes en Europe :
Distribution du Nouveau Monde
30, rue Gay-Lussac
75005 Paris

Nous remercions le Conseil des Arts du Canada et la Société de développement des entreprises culturelles du Québec (SODEC) pour le soutien accordé à notre programme d'édition, ainsi que le gouvernement du Québec pour son Programme de crédit d'impôt pour l'édition de livres.

Financé par le gouvernement du Canada | Canada

Les auteurs tiennent à remercier les personnes suivantes sans qui la réalisation de cette pièce aurait été compromise : Julia Posca, Jean-Philippe Warren, Gilles Gagné et Alain Deneault.

Distribution lors de la création de la pièce à l'Espace Libre du 4 au 29 avril 2017 :

La Mère . . . . Marie-Thérèse Fortin
Le Père . . . . Jacques L'Heureux
Le Fils . . . . Christophe Payeur
La Fille . . . . Mounia Zahzam
Le Majordome . . . . Alexis Martin

Mise en scène : Daniel Brière
Scénographie : David Gaucher
Éclairages : Anne-Marie Rodrigue Lecours
Costumes : Elen Ewing
Musique et conception sonore : Alexander MacSween
Vidéo : Pierre Laniel
Accessoires : Angela Rassenti
Régie : Colette Drouin
Direction de production : Audrey Lamontagne
Direction technique : Charles-Antoine Bertrand-Fontaine

Une production du Nouveau Théâtre Expérimental

Introduction

On entend une sorte de musique des sphères, quelque chose de vraiment hors de ce monde. Puis des points lumineux apparaissent, une constellation. Une impression d'aube de l'univers. Puis la lumière de ces étoiles devient des titres dans un organigramme géant qui couvre tous les murs du théâtre, la constellation des postes et des titres d'une organisation tentaculaire, la plus grande organisation rationnellement organisée de l'histoire de l'humanité.

La VOIX — Au commencement était le verbe.

Un mot apparaît, suspendu dans l'espace vide du théâtre.

<u>*ADMINISTRER*</u>

La VOIX — Dieu créa le monde en six jours. Le septième, il se reposa. Mais le monde représenta vite un colossal défi d'organisation. Dieu confia alors à son Fils l'**administration** de sa création. Ainsi, il dit à son Fils et au Saint-Esprit : vous soumettrez le monde à un dispositif ordonné qui gère, rationalise et tire le meilleur parti des choses. Vous séparerez l'être et l'action ; la pensée et la pratique ; vous séparerez encore le sacré et le profane, l'utile et l'agréable, le privé et le public.

Devant l'ampleur de sa tâche, le Fils de Dieu vit assez rapidement qu'il avait besoin d'aide. Il engagea donc un vice-président, qui lui-même eut besoin d'une secrétaire, d'un adjoint et d'un comptable ; ce même comptable eut vite besoin lui aussi d'une secrétaire, d'un responsable des ventes, qui eut besoin à son tour d'un expert en communication, d'un conseiller économique, qui lui-même comptait sur un bureau d'experts qui ...

À partir de ce moment, la voix se démultiplie en continuant à faire le décompte des titres puis, peu à peu, devient cacophonique. Puis le big bang !

La VOIX — Ainsi naquit la classe moyenne !

Un homme, qui ressemble à un majordome, ouvre la porte du théâtre, et une famille nucléaire entre. Pendant qu'ils enlèvent leur manteau, ils s'adressent au public.

Mère — « L'histoire de la classe moyenne est pauvre en événements : ses aspirations, si elle en a, vont plutôt vers le juste milieu, à une époque où il n'existe pas de juste milieu, donc vers un rêve illusoire, dans une société imaginaire.

Père — Elle est divisée à l'intérieur, à l'extérieur aussi, et dominée par des forces qui la dépassent. Même si elle voulait agir, son action serait moins un mouvement organisé qu'un enchevêtrement de conflits isolés.

Mère — Pris dans l'ensemble, ceux qui la composent ne menacent personne ; pris individuellement, ils mènent une existence privée d'indépendance.

Fils — L'homme et la femme de la classe moyenne des 20e et 21e siècles n'ont jamais été indépendants. Ils sont toujours l'homme ou la femme de quelqu'un, celui d'une firme, du gouvernement ou de l'armée.

Fille — Les fatigues physiques qui accablaient les ouvriers du 19e siècle se retrouvent, sous une forme psychologique, chez l'employé du 21e siècle.

Mère — Étrangers dans une société où règnent la méfiance et le viol des consciences, aliénés dans leur travail et leur personnalité, privés de raison individuelle, indifférents en politique, voilà ce que sont les nouveaux petits bourgeois, avant-garde involontaire de la société moderne. »

Le titre de l'ouvrage d'où provient la citation apparaît en projection.

Charles Wright Mills, *Les cols blancs*, 1951.

Apparaît en projection :

Question : « Qu'est-ce que la classe moyenne selon vous ? »

SCÈNE I
Le souper de famille

***La mère et la fille mettent la table. Le fils fait ses devoirs. Le ton des acteurs est légèrement décalé, surfait, telle une version doublée de l'émission de télé* Father Knows Best.**

Fils, *une pile de manuels scolaires devant lui.* — Heu… la date, c'est quoi ?

Fille — Le 14.

Fils — Non, je veux dire l'année ?

Mère — Heu ? ***(Réfléchissant.)*** Attends… bon, bien… le salaire de ton père nous permet à lui tout seul de vivre comme il faut, tous les quatre… donc, heu…

Fille — Pis même si toi, t'as plus d'instruction que lui, tu restes à la maison, tu fais le ménage, le lavage, le repassage, la cuisine.

Mère — C'est comme rien, on doit être dans les années 1950.

Fille — Je dirais ça, moi aussi. Début cinquante ; 53, 54 ?

Fils, *écrivant dans son cahier.* — Le 14 octobre 1954.

Petit moment de silence ; tous sont absorbés dans leur tâche.

Père, *entrant.* — Chérie ! Les enfants ! C'est moi !

Fils et fille, *se levant et l'entourant.* — Papa !

Mère — Mon amour ! ***(L'embrassant.)*** As-tu passé une bonne journée au bureau ?

Père — Une très bonne pour tout te dire. Une excellente ! J'ai même une petite surprise pour vous !

Fils et Fille — Une surprise ? Qu'est-ce que c'est ?

Mère — Les enfants, laissez-le arriver. Votre père travaille tellement fort… Assieds-toi mon chéri. Veux-tu ton journal ?

Père — Non, mais je meurs de faim !

Le fils débarrasse la table des manuels et la fille finit de mettre la table. Puis tous s'y installent.

Mère, *contemplant un moment la table.* — Regardez comme c'est beau ! Nous tous, réunis, autour d'une si belle table… c'est… ***(Émue, elle ne trouve pas ses mots.)*** Remercions le ciel de vivre à une époque aussi formidable !

Père, *comme s'il décrochait du rôle.* — On est en quelle année, là ?

Fille — 1954.

Père — … me disait aussi. (***Soudain rêveur.***) '*Boy*, 54 !

Mère, *au public, tandis que tous font circuler les assiettes, les verres, les ustensiles. Le tout finit par s'accumuler devant le père.* — Les années cinquante – vous le savez peut-être – sont parfois considérées comme le cœur battant des Trente Glorieuses, trente années au cours desquelles la croissance économique ne s'est pas démentie.

Père — Un miracle !

Mère — Un mirage ! Car ce qui s'est passé entre les années 1945 et 1975 est une... parenthèse. De la fin de la Seconde Guerre mondiale, à la première crise du pétrole, l'Occident...

Fils — L'Occident, c'est nous !

Mère, ***elle caresse la tête de son fils.*** — C'est bien vrai, mon chéri. L'Occident, c'est nous. Mais laisse parler maman. De la fin de la Seconde Guerre mondiale à la première crise du pétrole, donc, l'Occident s'est complu dans une ivresse du progrès et de l'expansion qui, croyait-on alors, ne cesserait jamais.

Fille — Jamais ?

Mère — Jamais.

Père, ***au public.*** — Vous vous demandez comment une telle extravagance a pu voir le jour ?

C'est assez simple. L'on a beau dire que l'argent circule, tout comme le sang, il possède surtout la fâcheuse habitude de se « coaguler » au même endroit. Enfin... entre les mêmes mains !

Tous regardent le père qui a devant lui toute la vaisselle.

Père — Que voulez-vous, c'est ainsi que les fortunes se créent.

Mère — Effectivement. Or, au vingtième siècle (***Elle tire la nappe vers elle d'un coup sec et l'ensemble de la vaisselle cascade au sol.***), les deux guerres mondiales vont faire voler en éclats tout le capital accumulé par les élites européennes, depuis la révolution industrielle.

Tous se mettent à ramasser les objets.

Mère — Après la guerre, il faut évidemment reconstruire. Je n'entrerai pas dans les détails, ce serait fastidieux. Mais le plan Marshall, les accords de Bretton Wood, l'émergence de l'État providence vont permettre à cet argent éparpillé de continuer à circuler.

Père — Favorisant du même souffle l'avènement de la classe moyenne.

Mère — Voilà.

Père*, avec un couteau, tranche le rôti. Il distribue les portions à la ronde.* — C'est vrai que c'était le bout de la marde ! Le *puck* roulait pour nous autres dans ce temps-là !

Mère — Chéri, ne soit pas vulgaire. Pas devant les enfants.

Les enfants rient en se regardant.

Père — Pardon, mon amour. Dès qu'on aborde les Trente Glorieuses, tu le sais, je m'excite. C'est plus fort que moi. Car il faut bien le dire : avant cette période « glorieuse », la classe moyenne n'existait pas.

Fils — Attention, père ! (***Avec la nappe, il se confectionne une chlamyde.***) Que faites-vous d'Aristote ? Dès le 4e siècle avant J.-C., il écrit tout de même : « La classe moyenne est la base la plus sûre d'une bonne organisation sociale. Si le gouvernement est entre les mains de ceux qui ont *trop*, ou *trop peu*, il sera ou une fougueuse démagogie, ou bien une oligarchie despotique. »

Père — Oh po, po, po, Aristote ! Tout de suite les grands chevaux ! Depuis que le monde est monde, on trouve des intermédiaires entre les riches et les pauvres. C'est entendu ! Ça ne fait pas de ces intermédiaires des « classes moyennes » pour autant ! Des classes moyennes comme nous ! ***(Se tournant vers le public du théâtre.)*** Ou comme celle qui se trouve là, dans la pénombre, à nous observer d'un œil goguenard… Quand Aristote parle de classe moyenne, il parle de citoyens. De citoyens qui possèdent un véritable pouvoir politique sur leur gouvernement. Alors que nous, question pouvoir, on ne peut pas affirmer que notre affaire *soit ketchup* comme on dit en vernaculaire…

Fils — J'entends bien, père, mais que faites-vous du juste milieu comme idéal politique ? De la *médiété* comme la nomme Aristote ? Le juste milieu n'est-il pas la meilleure façon de fuir les vilains extrêmes ? La meilleure façon de…

Fille, *comme si le personnage décrochait et se choquait.* — Wôw, là ! Le « juste milieu » ! Le

« juste milieu » ? Franchement ! Regarde-nous ! La dernière affaire qu'on transpire, c'est l'équilibre ! L'Afrique qu'on spolie, l'Amérique du Sud qu'on exploite, l'Asie du Sud qu'on étrangle pour pouvoir vivre dans des bungalows à Laval ou à Repentigny. C'est le « juste milieu », ça ?

Mère, ***se lève et appuyant sur les épaules de sa fille, la rassoit.*** — Déséquilibre ou pas, dès la fin des années 1940, nous prenons un poids démographique considérable !

Père — Ça oui ! Ils se sont avérés bien myopes ceux qui prédisaient un 20e siècle scindé entre le possédant et l'ouvrier. Car nous sommes là ! Nous sommes là, nous, maman ! (***Se lève et embrasse la mère.***) Ni patrons, ni prolétaires ! Voilà notre cri de ralliement ! Des êtres neufs, inédits, standards… Moyens !

Mère — Oui, mon chéri. Nous sommes là. Et cette famille parfaite dont je suis la mère aimante, et qui s'adresse à vous ce soir, cette famille est elle aussi une construction des Trente Années Glorieuses ! Une merveilleuse fiction utilisée pour vendre tantôt des voitures, tantôt des aspirateurs.

Père — Des laveuses, des sécheuses, des tondeuses, des scies rondes.

Fils — Des jeans, des *running shoes*, des radios, des *pick-up*, du *fast food*.

Fille — Du savon, du shampoing, de la soupe en boîte, du Jell-O, des Ativan.

Mère — Une fiction à laquelle on se devait d'appartenir. Sous peine de se retrouver au ban.

Fils — Ou à la marge.

Fille — Ou même parfois dans une institution dédiée à la santé mentale.

Mère — Cette image d'Épinal, même les familles de l'époque n'arrivaient pas à s'y conformer. Ou à peine. Ou à un prix psychique inimaginable. Surtout pour les femmes.

Fils et fille — Les enfants aussi !

Père — Les hommes également... ce n'est pas parce qu'on est en haut de la pyramide que le rôle du soutien de famille s'avère un jeu d'enfant.

La mère, ***levant les yeux au ciel.*** — Toi ! On sait bien…

Un ange passe.

Fille — Papa, c'est quoi la surprise ?

Père — Ah, oui ! La surprise ! Bon, tenez-vous bien, parce que des années d'abnégation et d'efforts donnent maintenant leurs beaux gros fruits : j'ai été nommé assistant au sous-directeur des ventes pour le territoire de l'est de Montréal ! Et pour fêter ça, j'ai fait une folie…

Il fait languir les enfants qui lui demandent ce que c'est, puis il revient avec une grosse boîte emballée.

Père — J'ai acheté… une TÉLÉVISION !

La famille déballe la télé. On allume le poste.

SCÈNE 2
La télévision

Dans un studio de télévision des années cinquante. Décor minimaliste. Cette séquence est filmée. Note : l'animateur sera vêtu à la mode des années cinquante ; l'invité, Alain Deneault, lui, est habillé de manière contemporaine.

Bonenfant — Mesdames et messieurs, bonsoir et bienvenue à ***RENCONTRES***. Je suis Gérald Bonenfant. Pour vous, spectateurs du 21e siècle, la télévision est, bien entendu, un objet banal. Mais pour nous, en studio, comme pour notre public de 1954, l'aventure s'avère une véritable révolution. Jamais auparavant la culture de masse n'a été aussi *massivement* introduite dans les foyers des citoyens. Ou encore des consommateurs, consommateurs qui s'éveillent aux miracles de la vie moderne. La télévision servira à la fois de guide, de mode d'emploi, de pense-bête à la classe moyenne. La télévision est en effet *son* média, celui dans lequel elle se projette et se reflète, se reconnaît et se rassure.

Afin d'explorer plus avant les liens entre télévision et classe moyenne, nous avons l'immense plaisir de recevoir aujourd'hui le philosophe Alain Deneault. Monsieur Deneault, bonsoir !

Alain Deneault — Bonsoir !

Bonenfant — Monsieur Deneault, vous affirmez dans un de vos articles que la classe moyenne est en vérité, et je cite, « un prolétariat en négatif ». Pour le bien de nos téléspectateurs, pouvez-vous nous en dire plus sur cet étrange concept ? Qu'est-ce que le *prolétariat en négatif* ?

Alain Deneault — Ce que je veux signifier par là, c'est que les membres de la classe moyenne, aussi puissants qu'ils puissent se croire, avec un pouvoir d'achat, avec une voiture, avec des propriétés immobilières éventuellement, ne maîtrisent pourtant en rien les conditions économiques dont ils dépendent. C'est-à-dire que le cours du pétrole, les modalités de production des biens de consommation, les logiques spéculatives dans le monde de la finance, l'aménagement du territoire, les productions culturelles, l'avancée de la science, le développement de la technique, le développement des théories de gestion des organisations privées sont toutes des réalités qui échappent aux membres de la classe moyenne. Pourtant ceux-ci cherchent le plus possible à se présenter comme n'étant pas des prolétaires et n'étant surtout pas des pauvres. Comme s'ils possédaient un réel pouvoir comme électeur, comme essayant de se constituer une sorte de bonne conscience à défaut d'une conscience sociale, pour échapper à cette condition-là dont plusieurs proviennent, et en tension vers un modèle qui serait celui du grand bourgeois du 19e siècle.

Bonenfant — Et en quoi la télévision a-t-elle permis à la classe moyenne, justement, d'imposer, ou à tout le moins, de proposer sa vision du monde ?

Alain Deneault — Bien, la télévision rend les membres de la classe moyenne vulnérables et manipulables. Pourquoi ? Parce qu'elle les disloque et les dissocie à la manière du coup initial au jeu de billard… La télévision, contrairement à ce que vous avez dit, si je peux me permettre de vous reprendre d'entrée de jeu…

Bonenfant — Je vous en prie…

Alain Deneault — … la télévision ne constitue pas un média de masse, mais, comme le dit votre contemporain Günther Anders, un média de démassification. Parce qu'avec la télévision, il n'y a plus de masse. Et qu'on l'aime ou pas… qu'on l'ait ou pas, la télévision affecte le rapport au réel. Parce que… à supposer que je sois quelqu'un qui ne s'y intéresse pas, dès lors que je vais dans la rue pour vivre le réel avec ceux qui le font… je me rends compte qu'il y en a de moins en moins de gens pour le constituer ce réel puisque tout le monde est chez soi en train d'en regarder le simulacre que la télévision diffuse.

Bonenfant — Monsieur Deneault, sur ce commentaire très éclairant, et très bouleversant, *challengeant,* merci beaucoup. Quant à vous, chers spectateurs, eh bien, restez à notre antenne, voici bientôt votre *quiz* préféré : *Pour… ce que ça vaut !*

SCÈNE 3
« Pour… ce que ça vaut ! »

Indicatif musical guilleret. Cette fois-ci, on n'est plus en projection, on est en « propre » dans le théâtre qui est devenu un studio de télévision.

La VOIX — Mesdames et messieurs, votre *quiz* favori, l'émission qui rend encore plus heureux les plus heureux, le *quiz* qui fait tourner les têtes et rire les portefeuilles, le *quiz* qui vous dit qu'il faut profiter de la vie : **POUR…** ***(Le public se joint à la voix.)*** **CE QUE ÇA VAUT !** Voici votre animateur qui musarde pour vous à travers les étalages des grands et petits magasins, toujours sur la brèche, le sémillant Alain de Repentigny !

Un animateur souriant et bronzé, un spécimen éclatant de santé humaine et de civilité industrielle, apparaît. Note : on est dans les années soixante.

Alain de Repentigny — Aye aye aye ! Allllllllllô tutti et quanti ! Comment ça va chez vous ? *Bing sur le ring et bang sur le rang…* Avez-vous eu une bonne semaine ? Quoi qu'il en soit, on est vendredi soir, veille de magasinage, et vous êtes là, avec nous, dans votre salon, merci ! Fidèles à vos habitudes… afin de découvrir les occasions du jour dans le Grand Marché de la Vie ! ***Pour… ce que ça vaut !***

Applaudissements. Une assistante entre et place un module sur lequel est déposé un objet : un robot culinaire.

Alain de Repentigny — Ho là là, mais c'est la toute délicieuse Sylvie-Anne, notre fée prodigue ! Qu'est-ce que tu nous présentes d'entrée de jeu, Sylvie-Anne ?

Sylvie-Anne — Alain, voici le dernier produit des entreprises Carignan de Boucherville, un robot culinaire multifonctions, le modèle FLEXOR TRIADE.

Alain de Repentigny — Wow, « admirez sa carène », comme dirait le poète !

Alain de Repentigny passe la main amoureusement sur la surface ultra polie de l'appareil. Il frôle ce faisant Sylvie-Anne.

Sylvie-Anne — Ce FLEXOR TRIADE est un robot culinaire multifonctions qui permet de traiter à peu près n'importe quel type d'aliment. Le FLEXOR TRIADE est de conception québécoise et fabriqué aux USA sous licence. À noter qu'il est fonctionnel jusqu'à moins trente-cinq degrés.

Alain de Repentigny — Idéal pour cuisiner l'hiver donc !

Sylvie-Anne — En effet !

Alain de Repentigny — Eh bien, sans plus tarder, une première concurrente, madame Iphigénie Naxos !

Iphigénie Naxos entre sur le plateau. Elle est habillée de noir, une sorte d'Irène Papas taciturne, austère, digne.

Naxos, *lourd accent grec.* — Bonjour.

Alain de Repentigny — Madame Naxos, je peux vous appeler... « madame » ?

Naxos — Avec joie.

Alain de Repentigny — Madame Naxos, vous connaissez les règles du jeu ***Pour… ce que ça vaut***?

Naxos — Je ne manque jamais ce programme.

Alain de Repentigny — Okay, *Tchang tchek, check it out!* Un beau témoignage. Merci! ***(Applaudissements.)*** Madame Naxos, à vous de deviner ce que vaut cet extraordinaire appareil de la firme Carignan fabriqué sous licence aux USA, le FLEXOR TRIADE.

Madame Naxos, un FLEXOR TRIADE, *Pour ce que ça vaut…* vous dites?

Naxos — Le FLEXOR TRIADE vaut 62 dollars et 36 sous.

Un indicatif retentit: la bonne réponse!

Alain de Repentigny — Wow! Exact! Pile-poil! Pas de micmac ici, tout colle, ça roule tout à trac Mac! Bravo Madame Naxos!

Naxos — Je suis une véritable machine à calculer. Je suis imbattable à ce jeu. Les dieux sont avec moi.

Alain de Repentigny — Eh bien, c'est ce que nous allons voir ! Voici maintenant notre segment le plus difficile : le segment RAFALES ! Sylvie-Anne, qu'as-tu pour nous en vitrine ?

Applaudissements « en canne ». Sylvie-Anne apporte un coffre dont elle sort à toute vitesse des objets. Naxos en donne le prix sans faillir.

Naxos — Ensemble de 18 épingles à cheveux : 56 sous, serviette de plage : 1,08 $, stérilet en plastique : 2,78 $, tire-bouchon en plastique strié : 29 sous, chapeau de fête en carton ciré : 79 sous, boîte de compresses humides : 1,67 $, paquet de pâte phyllo pour baklava : 88 sous, reproduction d'un annulaire gauche en pâte d'amande : 1,70 $, filet de platine pour anévrisme au ventricule droit : 2 000 $, bague en or pour fiançailles : 178 $, sachet de saccharine : 1 sou, trousse de prélèvement sanguin : 26 $, manuel de survie en forêt : 2,56 $, figurine du dieu Éole en plastique : 74 sous, carte postale du Péloponnèse : 3 sous, clé de porte ancienne en cuivre : 1 sou, vieille photographie de famille des aïeux du village de Mistra : 0,0078 sou, mèche de cheveux de la mamie qui gardait les enfants quand les parents étaient aux olives : 0,000000067 sou.

On entend un indicatif.

Alain de Repentigny — Un score parfait, Madame Naxos ! In-cro-yable !

Naxos, ***impassible.*** — Je suis l'égale des dieux. Je suis Hermès Trismégiste, je peux tout déchiffrer. Je ne suis pas « collable ».

Alain de Repentigny — C'est ce que nous allons voir ! Voici maintenant notre dernier lot. Sylvie-Anne ?

Sylvie-Anne — C'est ici, Alain, où nous verrons si l'hybris de Madame Naxos est justifiée ! Voici donc notre troisième et ultime jeu, chers téléspectateurs !

Elle dévoile un petit guéridon sur lequel est posée une masse informe. La masse tourne lentement sur elle-même. Elle change de couleur, d'aspect et de forme. On ne sait pas de quelle matière elle est faite.

Alain de Repentigny, ***chuchotant.*** — Madame Naxos, quel est le prix de cet objet ? *Oh by the boat ! Ohé les collés ! Bloody caesar, morituri te* *salutant !* Silence dans le studio, on ne souffle pas la réponse ! On laisse Madame Naxos se con-centrer…

Madame Naxos hésite, trébuche, une terreur sacrée la gagne peu à peu.

Naxos — Mais… C'est… un vase ? Non ? Non… attendez ! Non ! Une théière en porcelaine ? Non… Ho ! Quel vertige ! ***(Sur un écran, de façon subliminale, le visage de Méduse apparaît fugitivement, image terrifiante !)*** C'est une argenterie comme il ne s'en fait plus… Une robe de mariage… Un patio ? Non ! Non… Ô dieux trompeurs ! Cet objet n'est pas de ce monde ! Je… Ce n'est pas un objet ! Ce n'est pas une chose ! Vous trichez ! L'amour du monde se trouve tout entier dans ce… cette… cette chose, qui n'est pourtant pas une chose ! Comment mettre un prix sur ÇA ! Je suis la championne de l'évaluation ! Je suis la nouvelle espèce qui évalue et met un prix sur toute chose ! Mais ÇA… ÇA ! C'est inestimable !

(L'éclairage change sans cesse sur la masse qui tourne, Naxos fronce les sourcils, se concentre péniblement.)

C'est… attendez ! C'est la main qui tient l'épingle à cheveux, la main qui étend la serviette de plage pour toi quand tu as huit ans sur une plage de Nauplio ; la main qui glisse la bague à ton doigt ; les yeux rieurs de ton frère sous son chapeau de fête, la clé de cuivre de la maison des anciens où tu es toujours chez toi, ah ! Ô dieux ! Dieux ! L'odeur des olives écrasées sous la meule, oh ! Le vent qui descend des collines et soulève ta robe légère, le baiser d'Éole sur tes hanches, mais ! Mais comment donner un prix à ÇA…

Comment ? Chiffrer ÇA… quel prix ? Pour tout le désir que j'ai ! Que j'ai ! C'est impossible ! Impossible à estimer ! Il n'y a pas de valeur d'échange, tout simplement pas ! Pas de valeur… ah ! Les dieux m'ont trompée ! C'est un piège ! Un piège ! Ô dieux !

On entend un tonnerre terrible ! Naxos s'effondre à genoux, maudissant Zeus et tout le panthéon, en grec. Le tonnerre enterre les cris de Naxos. Sylvie-Anne et Alain de Repentigny ont disparu. Le noir se fait sur scène, hormis un halo qui éclaire la masse informe de matière. Puis, lumière : deux ambulanciers installent Madame Naxos sur la civière.

Ambulancier 1 — … C'est la deuxième en deux mois.

Ambulancier 2 — Les questions sont trop difficiles ça a l'air.

Ambulancier 1 — Je sais. Ma femme a interdit à ma belle-mère d'écouter ce programme-là. Elle devient tellement nerveuse, elle a des palpitations.

Ils sortent en emportant le corps de Madame Naxos.

Une sociologue ferme le téléviseur imaginaire (avec une télécommande) dans lequel se déroulait le quiz* Pour… ce que ça vaut. *Elle se tourne vers le public, faisant pivoter son fauteuil.

SCÈNE 4

« La classe moyenne est une construction politique »

Son nom et son titre apparaissent en projection.

JULIA POSCA, sociologue

Elle s'adresse directement au public. Tout le long de son allocution, on voit des images photographiques illustrant son propos : luttes syndicales, grèves, guerre froide, figures historiques telles Thatcher, Reagan, Bouchard, Charest, Desmarais, Couillard, PKP, etc.

Julia — Quand on parle de classe moyenne, on parle dans le fond d'un salariat aisé. D'un salaire qui permet de vivre dignement, mais aussi de devenir des consommateurs. D'avoir des loisirs. Bref, d'accéder à ce qui était avant ça réservé à l'élite.

Bon. Tout ça n'arrive pas par magie. C'est le résultat de luttes ouvrières. Des luttes qui portaient sur le niveau des salaires. Les conditions de travail. La sécurité. Le travail des enfants. Le nombre d'heures de travail... Quand vous souhaitez, machinalement, « bonne fin de semaine » à quelqu'un, dites-vous qu'il y a quand même du sang qui a coulé pour que ça existe, les fins de semaine...

L'autre aspect qui permet l'émergence de la classe moyenne, c'est l'État. Un peu partout en Occident, dans la première moitié du vingtième siècle, l'État va prendre en charge ce qui relevait avant ça de la charité publique : la santé, l'assistance aux démunis, l'éducation, etc. Ça va permettre à ceux qui dépendent de leur salaire pour vivre d'avoir une existence décente, d'être moins précaires aussi.

On va moins risquer de tomber dans la misère à cause d'un accident ou d'une perte d'emploi.

On a donc trois... disons trois « partenaires » : les entreprises, l'État et les travailleurs. Et à eux trois, ils réorganisent le partage de la richesse, partage qui débouche sur un nouveau pacte social. Et c'est ce pacte-là qui permet l'émergence de la classe moyenne comme on la connaît aujourd'hui.

Il faut pas oublier non plus que durant la première moitié du vingtième siècle, comme ensuite pendant les Trente Glorieuses, c'est aussi la peur du communisme qui va inciter les entreprises et les États à négocier avec les salariés. On aime mieux laisser tomber du lest que de courir le risque d'une révolution. On dit aux gens : « Regardez, avec le capitalisme vous pouvez avoir votre maison, votre terrain, votre voiture, vos vacances, votre *set* de salon. Alors qu'avec le communisme, vous allez tous vous habiller en gris pis manger la même chose. »

Aujourd'hui, bien sûr, la donne a changé. Depuis les années 1980, les gouvernements, à gauche comme à droite, ont tendance à remettre en question le pacte social développé dans la première moitié du 20e siècle. Pis ça, c'est parce que les entreprises essaient de renverser le rapport de force instauré au cours du 20e siècle entre l'État, les travailleurs et elles.

La plupart des gouvernements se voient aujourd'hui comme des *alliés* des entreprises ; leur idéal est de se mettre au service de celles-ci et de la croissance économique. Par exemple en baissant les impôts des entreprises, ou en octroyant des subventions en recherche et développement ; mais aussi en cessant d'intervenir directement dans l'économie pour laisser l'initiative au privé.

On pousse aussi l'État à faire le « ménage » dans les finances publiques. Ou plutôt à réduire les dépenses sociales. En 1996, en partenariat avec le patronat et les syndicats, le gouvernement québécois a adopté une loi sur l'équilibre budgétaire. Mais qu'est-ce qu'on fait pour arriver au déficit zéro ? On remet en question l'universalité des services publics. On instaure le principe de *l'utilisateur payeur*. Bref, on dégrade tous les mécanismes institutionnels qui avaient pour fonction de permettre à la classe moyenne de se maintenir et de se reproduire.

Ce qui n'aide pas non plus, c'est que les salariés sont aujourd'hui, en général, dépolitisés. Assez en tout cas pour considérer ce qui leur arrive comme une fatalité. Si ton usine est délocalisée, que tu perds ton emploi, c'est pas le résultat de décisions politiques, mais à cause de l'« économie ». De la « mondialisation ». De phénomènes sur lesquels t'as pas d'emprise.

C'est comme si on te disait chaque fois : « Pay your bills and carry on. »

Payez vos factures et circulez... On se rend compte à quel point la classe moyenne a oublié que ses conditions de vie résultaient de luttes sociales et politiques.

C'est comme si l'idée même de lutte sociale avait disparu. Ou était devenue délirante. Aberrante. Radicale.

SCÈNE 5
La dette

Un couple dans le salon.

Père*, **examinant un compte.*** — Sacrament ! La Ville ? Qu'est-ce qu'ils font avec cet argent-là, veux-tu me dire ? ***(Il remplit un bordereau de chèque.)*** *Ville de... 15 novembre...* voyons, on est en quelle année donc ? ***(Appelant.)*** Hélène ?

La mère surgit.

Mère — Oui ?

Père — On est en quelle année ?

Mère — Heu... laisse-moi réfléchir.

Père — Travailles-tu ?

Mère — Ben oui !

Père — Pis même avec nos deux salaires, on n'arrive pas ?

Mère — Ben non !

Père — C'est peut-être le début des années 1980 ? La récession. Ç'aurait de l'allure…

Mère — Une récession ? Mais y en a eu une aussi vers 1994, 1995, non ?

Père, ***s'impatientant.*** — Comment est-ce que tu veux qu'on s'y retrouve ? C'est tout le temps pareil ! Attends… On est dans la crise des *sub-primes,* en ce moment, pour tout ce qu'on sait.

Mère — Oui ! C'est bon ça ! Les « papiers commerciaux » : ça veut dire qu'on est en 2008. Mets ça, on verra bien…

Le père complète son chèque.

Père — 15 novembre 2008. Bon. L'autre, astheure. ***(Il décachette une enveloppe.)*** Oh ! Shit ! On est rendu à… Maudite carte ! Ç'a pas de sens !

Mère — Ah oui, ça me fait penser : j'ai reçu un troisième courriel de Saint-Stanislas : ils ont pas reçu le paiement du dernier trimestre ? Sais-tu si…

Père, ***sarcastique.*** — J'y arrive justement. ***(Il décachette une autre enveloppe.)*** Calvaire…

Mère — Qu'est qu'il y a ?

Père — Rien…

Mère — C'est quoi la grimace ?

Père — La grimace ? La gri-mace ? Hélène, on est cassés !

Mère — Comment on est *cassés* ?

Père — On n'a pu de marge ! La maison est hypothéquée au maximum, la marge est… est *morte,* la marge ! On peut plus emprunter sur la cabane !

Mère — La marge est *morte*… exagère pas.

Père — On va, tout juste, okay ?, tout juste, sur les fesses, payer l'hypothèque du mois, maudit ! On est vraiment dans le trou ce coup-ci, Hélène. Il faut qu'on trouve une façon de clairer la carte familiale, là. On défonce la limite deux fois ! À 18 % d'intérêt, c'est pas tenable !

Mère — Mais je m'en sers même pas de cette carte-là ! Comment ça… ***(Réalisant soudainement les contrecoups possibles.)*** Mais… on va payer l'école de Flavie quand même, tu vas pas…

Père — Payer avec quoi ? La carte de crédit à 18 % d'intérêt ? Voyons ! … Elle va retourner à l'école publique, pis ça va bien se passer…

Mère — Attends ! Minute ! Je vais pas laisser ma fille…

Père — … On va, tout juste, sur les fesses, payer l'hypothèque du mois, maudit ! On a…

Mère — Elle finit à l'école… là, à Saint-Stanislas ! On va pas la séparer de ses camarades ! Elle réussit assez bien pour que ça vaille la… Ma fille va pas payer pour nos problèmes d'hypothèque !

Père — C'est ma fille aussi !

Mère — Oui, c'est ta fille, justement !

Père — Justement quoi ?

Mère — Heille ! Écoute... tu... je veux dire... c'est toi qui tenais à être propriétaire ! Et...

Père — Pas plus moi que toi...

Mère — ... TOI ! On paye une fortune en taxes, en rénovations, parce que *tu* voulais être propriétaire, mais on n'a pas les moyens ! On n'a pas les moyens, Gilles ! Pis là, c'est la petite qui va payer ?

Père — Je te ferais remarquer que la maison est...

Mère — ... c'est la petite qui va payer pour notre erreur ?

Père — Quelle erreur ? La maison est proche des écoles, les écoles que tu voulais pour tes enfants !

Mère — Hé ! *Toi aussi* tu voulais que Flavie aille à l'école privée ! Minute ! Tu disais que ça lui donnerait un cadre, une direction !

Père — C'est toi qui insistais, tu…

Mère — Tu voulais la même chose !

Père — Bon, peut-être… alors ? On n'est pas plus avancés si on peut pas payer le maudit compte !

Mère — Ta fille est super bien intégrée là-bas… pis là ? Quoi ? Tu vas la traumatiser pour de bon pis la changer d'école ? Elle est là où on voulait, maudit, assumons !

Père — C'est toi qui as bourré la tête des enfants, en leur disant qu'ils étaient spéciaux, comme si… comme s'ils étaient pas comme le reste du monde ! Ils auraient très bien pu réussir…

Mère — Ben voyons donc ! Tout ce que je leur ai dit, c'est qu'ils étaient… c'est qu'ils devaient faire l'effort de se distinguer… Tu crois pas ça ?

Père — Tu leur as monté la tête avec tes… tes niaiseries généalogiques ! « Votre grand-père était un grand scientifique, oubliez pas d'où vous venez ! » « Ça prend une école d'élite pour ces enfants-là… » « Ils ont tellement de potentiel ! » « C'est des scientifiques ! »

Mère — Y a pas de mal à être fière de sa famille ! T'es ben méprisant !

Père — On en a tu assez entendu parler du *grand-père docteur* ! Shit ! Tu vis dans un monde… de fantaisie, Hélène. Comme si on était spéciaux, exceptionnels ! Mais on est du monde ordinaire, criss ! Pas plus fins, pas plus fous que les autres !

Mère — Tu connais le milieu du travail, tu sais dans quoi… dans quoi ils s'embarquent ! Tu sais bien que si les jeunes se distinguent pas rapidement, y restent au bas de l'échelle…

Père — Ils vont se débrouiller comme les autres, voyons !

Mère — … s'ils se démarquent pas très jeunes dans leur parcours scolaire, ils vont…

Pères — Ils vont se débrouiller !

Mère — Se débrouiller comment ? En devenant serveuse dans un bar ? Comme tes deux sœurs ? Y'ont cinquante ans passés pis y sont *waitress* à l'aéroport !

Père — Tabarnac Hélène, mêle pas mes sœurs à ça…

Mère — Y a des sacrifices à faire pour que les enfants réussissent, okay ? Pis si y faut vendre la maudite maison, on va la vendre ou ben…

Père — Ah ouais ? Ou quoi, Hélène ? La vendre, ou quoi ?

Mère — Criss, Gilles, dehors c'est la jungle ! C'est pas avec un bac ou même une maîtrise ordinaire que ces enfants-là vont travailler ! La compétition est tellement dure, ça leur prend un CV impeccable ; ça leur prend un… un parcours parfait pour entrer dans les meilleures universités.

Père — La base, c'est la maison, Hélène ! Voyons ! Ça nous prend ça, qu'est-ce que tu vas faire si je tombe malade ? Pis qu'on est juste locataires ? Qu'est-ce que tu vas faire ? ! C'est ça que tu veux ? Être à la merci d'un propriétaire pour ton loyer en retard ? Si je perds ma *job,* au moins on a la maison, c'est notre… sécurité ! Là, l'école privée nous a coûté 50 000 $ en cinq ans pour les deux enfants : 50 000 piasses !

Mère — Mais ça leur a donné un avantage sur les autres ! Les bonnes *jobs* vont aller aux meilleurs, tu le sais ! Ça leur prend quelque chose de plus !

Père — 50 000 $ qu'on a mis dans ces études-là, pourquoi ? On n'est pas plus sûrs de…

Mère — Y faut leur donner les outils pour se démarquer !

Père — T'es paradoxale en maudit : c'est à cause de la maison que j'ai pu emprunter pour payer la criss d'école privée !

Mère — Mais c'est pas une carte de crédit ! La maison, c'est pas une carte de crédit !

Père — Non… c'est un investissement, une garantie…

Mère — Une garantie de quoi ? Les rénovations nous coulent, tu le sais ! On a tellement mis de dépenses sur la marge de la maison… T'as acheté la maison pour prouver quoi ? Que t'étais propriétaire ? Mais tu l'es pas ! On se doit le cul en taxes pis en hypothèque ! C'est quoi la logique derrière ça ?

Père — On est CHEZ nous ! Chez nous, esti ! J'ai travaillé comme un chien toute ma vie à me taper des *jobs* plates, avec des crétins de patrons, pour, au bout de la journée, avoir la satisfaction de rentrer… chez moi ! *Chez moi calice* ! Je suis pas à loyer, moi ; je suis un propriétaire !

Mère — Mais maudit, Gilles, tu déparles ? *Chez nous* ? On n'est pas chez nous ici ! On est… je sais pas où, mais pas chez nous ! Tout ce qu'y a ici, la table, le tapis, le Gyproc, la chaise… les lampes… les livres, tout ça nous est loué ! Prêté !

Père — On va passer au travers, c'est juste une passe plus difficile… si t'étais pas tout le temps négative, tu…

Mère — Oh Gilles, arrête ! Shit ! Chaque automne, tu cries qu'on passera pas l'année ! Chaque année !

Père — Il faut payer la carte familiale…

Mère — Mais je me sers même pas de cette carte-là ! Comment ça…

Père — Le voyage du printemps, c'est ça ! On n'avait pas les moyens de…

Mère — Tu vois ? On est l'otage de c'te maison-là ! On peut pu rien faire !

Fille, ***apparaissant.*** — Pouvez-vous vous engueuler moins fort ? J'essaie de finir ma dissertation.

Mère — Excuse-nous ma belle, ton père est nerveux…

Père — Criss, je suis pas nerveux, je…

La fille disparaît.

Mère — … Tu sais que tu fais une dépression Gilles ?

Père — Oh non, commence pas avec ça…

Mère — Tu le sais que y a de la dépression dans ta famille, ton père…

Père — Arrête tu suite…

On sonne à la porte.

Père — T'attends quelqu'un ?

Mère — Non. Toi ?

Père — Non.

Un fonctionnaire de l'Administration entre. Un homme sans âge, habillé de façon terne et sans signe distinctif.

Fonctionnaire — Monsieur Gilles Bélanger et Madame Hélène Novak ?

Mère — Oui ? Vous êtes ?

Fonctionnaire — Je suis de l'Administration de la dette pour la région centre.

Mère — Pardon ?

Père — Je comprends pas ; vous êtes *qui* ?

Fonctionnaire — Identité. ***(Il montre une carte dans un étui, comme un policier enquêteur.)*** Je suis envoyé par l'Administration, concernant votre dette.

Mère — Quelle administration ?

Fonctionnaire — Celle de la dette.

Père — Quelle dette ?

Fonctionnaire — Nous sommes tous en dette, Monsieur Bélanger. Tous.

Père — Attendez, vous êtes de la banque ?

Fonctionnaire — Non, la banque est l'un de nos clients. L'Administration dont je relève gère une dette *globale,* si vous voulez.

Mère — *Globale* ? Vous parlez de quoi là ? Vous êtes sûr que vous êtes à la bonne adresse ?

Fonctionnaire — Au-dessus de vous, dans une couche particulière de l'atmosphère, un gigantesque ballon de centaines de trillions de dollars orbite autour du globe. Vous ne le voyez pas, mais il existe. C'est la dette mère. Ce ballon est une ruche gigantesque où officient des milliers d'employés, comme autant d'abeilles ouvrières. Cette dette grandit depuis plus de quarante ans, elle est devenue l'actrice principale de vos vies ;

pas un pays, pas une société qui peut se dire affranchie d'elle : chaque être humain est sous sa coupe, du berceau à la mort.

Père — Je comprends pas. Je… Qu'est-ce que vous voulez ?

Fonctionnaire — Une simple formalité. *(**Sort un formulaire.**)* Vos informations doivent être mises à jour.

Mère — Quelles informations ? Qu'est-ce qu'on doit comprendre ?

Il actionne une manette et fait apparaître un graphique (A) : 40 années d'endettement de l'économie mondiale.

Puis un autre (B), qui exprime cette fois la tendance de l'économie depuis 1970. Dans les années 1960, les trois quarts de la croissance étaient alimentés par la production de biens et de services ; aujourd'hui, c'est exactement l'inverse, puisque les trois quarts de la croissance sont basés sur la consommation.

Fonctionnaire — Ce que vous devez comprendre, c'est que depuis la fin des années 1970, ce n'est plus la *production*, mais la *consommation* qui mène l'économie. C'est un changement de paradigme énorme. Ce qui importe désormais, ce n'est plus ce que vous « fabriquez ». Ce qui compte, c'est ce que vous « consommez ». Dès lors, comment vivre comme le faisaient vos parents avant vous, libres de dettes ? Ajoutez à cela les dividendes versés aux actionnaires qui augmentent et les salaires qui stagnent… ***(Il projette un autre graphique (C) qui montre l'évolution des salaires en termes de dollar absolu, entre 1945 et 2008.)*** Et vous comprendrez pourquoi la dette grandit. Malgré le gel des salaires, il faut bien, en effet, faire rouler l'économie. Donc…

Père — Attendez, là. Qu'est-ce que vous êtes en train de…

Fonctionnaire — Chut, je parle. J'explique. Je résous…

Sans crédit, l'économie s'effondre. Afin d'éviter la débâcle, c'est votre devoir de vous endetter. En vérité, je dirais même que votre *raison d'être* se résume aujourd'hui à ça. Nous sommes tous les vestales de cette dette !

Mère — Mais on cherche pas à s'endetter ! On veut pas vivre ce stress-là !

Fonctionnaire, ***haussant le ton.*** — Attention ! La dette a une postérité que vous ne soupçonnez pas ! La dette vous force à construire une mémoire, elle vous lie au passé, mais prenez garde ! Elle vous lie aussi à l'avenir ! Car il faudra bien un jour la payer ! C'est un fardeau, certes… mais il libère ! Il structure votre vie ! Qu'est-ce qu'un homme libre de dettes ? Un courant d'air, une non-entité, un fantôme !

Père — Écoutez, c'est parce que… nous, on essaie juste de surnager…

Fonctionnaire — Silence. Je suis ici pour vous expliciter les arcanes de votre destin… Mais comme toute grande chose, la dette possède aussi un côté sombre. ***(L'éclairage change, le fonctionnaire prend une allure démoniaque.)*** La dette : la chrétienté l'associe à une faute à expier, inventant du même coup le péché originel ! Vous conviendrez avec moi qu'être coupable du seul fait d'être en vie, ontologiquement, ce n'est pas rien ! Fadaise d'un autre temps, me direz-vous… Holà, pas si vite ! C'est ainsi que le capitalisme moderne entend la dette, lui aussi ! Mais au lieu de vous menacer des tourments de l'enfer, il vous parle de ceux de la rigueur et de l'austérité. Et comme la vie du chrétien est une longue épreuve destinée à lui permettre de racheter sa faute, la vôtre, plus humblement, mais de façon aussi fondamentale, consiste à contracter des dettes afin de faire *fonctionner* le corps insubstantiel de l'économie !

Mère — On sera jamais capables de tout payer de notre vivant, c'est impossible !

Fonctionnaire — Vous mettrez votre mort à profit, alors !

Comprenez ça, une fois pour toutes ! Le citoyen idéal ne doit ni pouvoir payer rubis sur l'ongle, ni être incapable d'honorer sa dette ! Car si vous ne payez ni intérêt, ni pénalité, vous n'êtes d'aucun intérêt, si vous me passez le jeu de mots ... D'un autre côté, si vous vous avérez incapables de payer, ce n'est guère mieux. Soyez donc sur le fil du rasoir, à égale distance de ces deux pôles. Ni empressés, ni éteints, mais bien quelque part entre les deux. Moyen, pour ainsi dire.

Extra Moyen…

EXTRAMOYEN !

EXTRAMOYEN !

Ha ha ha ha !

Le père et la mère sont pris d'un malaise ; une fumée envahit l'espace. Le fonctionnaire disparaît, une disparition satanique à souhait. Une fois dans le noir, tandis que la fumée se dissipe, on entend la voix du fonctionnaire :

Fonctionnaire, *voix hors champ.* — N'oubliez pas de nous retourner le formulaire avant le 10 décembre. Merci… et bonne semaine !

Projection vidéo : l'écran s'illumine. Le visage du Dr Denys Zoubris apparaît en extrême gros plan. Vignette télé. Une voix : « Ceci est une présentation de Santé et Bien-Être Canada. »

SCÈNE 6
Le Dr Denys Zoubris

Légende au bas de l'écran : *« Dr Denys Zoubris, chef de la psychiatrie au Centre interuniversitaire de psychiatrie de Montréal ».*

Dr Zoubris, *fort accent grec.* — Bonjour… ici la docteur Denys Zoubris, qui est un psychiatre. Vous savez, en tant que psychiatre, je reçois beaucoup des hommes et des femmes qui se disent épuisés par le rythme très demandant de vie moderne.

(On change d'angle. On découvre un peu plus son bureau : un bureau de médecin d'hôpital banal, avec des affiches anatomiques sur les murs ; des publicités de médicaments anxiolytiques.)

Il est sûr que la famille moderne, et particulièrement la famille de le classe moyenne, est soumise à des pressions accrues depuis un quarantaine d'années. ***(Zoubris sort de son bureau et s'engage dans un couloir. La caméra le suit.)*** C'est que quand arrive le passage de le société de *discipline* à le société de *performance* ***(Derrière lui,***

un babillard avec les mots DISCIPLINE – PERFORMANCE épinglés.), l'homme et la femme qui travaillent va *intérioriser* les contraintes. Il ou elle doit *produire* toujours plus, il ou elle est jugé sur ses *capacités,* mais le discipline extérieure n'existe plus ; c'est lui-même qui va punir lui ou elle s'il ne *peut* pas. Il passe de *devoir* à *pouvoir*…

Est-il ou est-elle *capable* ? C'est le seule question qui reste… et comme le cadre institutionnel qui la contraignait avant a disparu, il est seul avec sa conscience coupable, seul avec son échec : il n'est plus *capable,* et c'est de *sa faute* à lui ou elle… ***(On découvre les mots, épinglés sur le babillard : CAPABLE-INCAPABLE-COUPABLE.)***

Déplacement : nouveau lieu. On voit les membres de notre famille alités. Ils regardent le Dr Zoubris avec des yeux piteux. Travelling latéral sur les quatre lits.

Dr Zoubris — Le commandement de *discipline* est ainsi remplacé par celui de *performance* ; et qui peut être contre le performance ? Qui peut être contre l'excellence ? L'homme et le femme continuent à être disciplinés, mais désormais, ils croient que c'est de leur propre volonté qu'ils existent et travaillent, et quand ils tombent, eh bien, c'est par leur insuffisance, leur propre faute… Alors, ils travaillent jusqu'à tomber, persuadés qu'ils ou elles n'en font jamais assez ! Ils sont désormais leur propre bourreau !

Déplacement : on est maintenant dans la cafétéria du Centre interuniversitaire de psychiatrie. Zoubris est appuyé contre un comptoir et verse une louche de soupe dans un bol.

Dr Zoubris — Heureusement, nous avons développé les solutions au cours des années pour soulager nos patients ; l'aventure humaine est étonnante. Nous avons inventé des moyens de transport extra rapides, la génie génétique et des maisons bien isolées ; mais, parfois, un simple soupe chaude, agrémentée d'un bonne médication ***(Il jette quelques cachets dans la soupe fumante.)***, permet de « requinquer la jarnigoine »… Car vous êtes capables de faire mieux, nous en sommes persuadés.

Il sort, portant un cabaret avec quatre bols de soupe fumante.

SCÈNE 7
Le grand classeur

<u>**Un chœur**</u>

Les édifices sont debout
Comme des thermomètres de fer rougi
Étagères des songes gelés
Dans le désert blanc
Panoplie glacée des désirs ravalés

La chaleur se perd
Le sang se décolore
Il est difficile de tenir debout contre cet autre vent
Qui vient de loin
Et s'est insinué entre le nom et la chose

Dans le désert ordonné du centre
Le peuple des pupitres impose sa paix
Les noms des origines ont disparu
Voyelles fragiles des premières émotions

Dans les rues devenues rainures
Coulissent les caravanes de chiffres

Qui comme des montagnes transparentes
Ne reflètent jamais rien
Sinon les silhouettes creuses des hypothèques rouges

Là dans le nœud métallique du monde
Le mégaserveur fond les chiffres et le fer

La chaleur se perd
Le sang se décolore
Il est difficile de tenir debout contre cet autre vent
Qui vient de loin
Et s'est insinué entre le nom et la chose

Le peuple des pupitres avance
Immense gueulante des rotors à chiffres
Les algorithmes disent la couleur du ciel
Le démon du classement fait frémir l'échine des tours
Péninsules qui tanguent sous le souffle spéculatif

On ne sait plus très bien où est le centre
Le silence initial a perdu la parole
À travers des milliers de formules
La raison raisonnante a raison de tout dans ce désert

Le centre-ville est un immense cratère peuplé
d'ombres
Un monastère de cent mille sulpiciens
Qui gavent leurs autels de données
Serveurs sirènes qui égrènent ton nom
Jusqu'à l'effacement

La chaleur se perd
Le sang se décolore
Il est difficile de tenir debout contre cet autre vent
Ce vent qui vient de loin
Qui s'est insinué entre le nom et la chose

Tu n'as plus besoin de centre
Le centre n'a plus besoin de toi
Tu portes ta propre croix
Ta petite tablette électronique
Ton continent de labeur
Ton ultraserveur
Pour lequel tu travailles pourtant

Tu es l'espèce concentrationnaire
Tu n'aimes personne sinon
Le classement / les choses bien rangées
Tu tombes toujours entre le nom et la chose
Tu es l'Innommé
Tu es Le Moyen

SCÈNE 8
Tu seras vendeuse, ma fille

***La fille entre, excitée. Le ton des acteurs est légèrement décalé, affecté, telle une version doublée de* Papa a raison.**

Fille — Mère, ça y est ! Ça y est !

Mère — Ma toute petite, bravo. Ta mère est bien fière de toi.

Fille — Mon Dieu, un entretien d'embauche… Et chez Gap, encore ! J'arrive à peine à y croire.

Mère — Chez Gap, ma fille, tu en es bien certaine ?

Fille — Oui mère !

Mère, ***décrochant.*** — On est en quelle année, là ? Parce que Gap, me semble, ça arrive dans le paysage juste dans les années 1990, non ?

Fille, ***décrochant à son tour.*** — Ha bon ?

Mère — Me semble.

Fille — On peut être dans les années 1990. Ça me dérange pas.

Mère — Pourquoi pas les années 1980 ? C'est des années pivots. Même si ce qu'on évoque commence dans les années 1950, c'est dans les années 1980 que ces phénomènes prennent une grande ampleur.

Fille — Années 1980, correct ! ***(Elle prend un moment, comme si elle se concentrait.)*** Maman, un entretien d'embauche… Et au Château, encore ! J'arrive à peine à y croire.

Mère — Ma chère enfant. Comme tu m'enchantes. Tu me rappelles mes premières années dans le monde… Savais-tu que j'ai été vendeuse, comme tu t'apprêtes à le devenir toi-même ?

Fille — Toi, maman ? Vendeuse ?

Mère — Tout à fait. Et, si je peux le dire sans paraître prétentieuse, j'étais une excellente vendeuse. Extraordinaire, même. Si tu le souhaites, je pourrais te donner deux ou trois astuces qui m'ont aidée à obtenir du succès.

Fille — Oh, ma chère maman ! Dites-moi tout !

Mère — Ma petite fille, comme je t'aime !

Fille — Je t'aime aussi, maman chérie !

Elles s'embrassent, rient.

Mère — Bon assieds-toi, maintenant. Et ouvre grand tes oreilles.

La fille s'assied, mains sur les genoux, sage et attentive.

Mère — Le grand secret afin de devenir une vendeuse hors pair est à la fois simple et complexe, une chose délicate et brutale.

La fille hoche la tête, excitée, en attente de la révélation.

Mère — Il s'agit de bien connaître sa marchandise. D'en jouer comme une musicienne de son instrument, un sculpteur de la glaise ou du marbre.

Fille — Et toi, très chère maman, que vendais-tu ?

Mère — Eh bien, pour tout te dire, c'était des gants. Mais également des accessoires. Des ceintures, des foulards, des sacs à main.

Filles — Des sacs à main ! Maman, chanceuse !

La mère rit.

Mère — Oh, ma chérie, tu es encore bien naïve. Tu crois que la marchandise, ce sont les objets que l'on trouve sur les étals. Mais les chemises, les chaussures ou que sais-je encore, cela n'a rien à voir avec la marchandise. Enfin, la vraie…

Fille — Mais si ce ne sont pas toutes ces choses…

Mère, *souriant.* — Comme tu es mignonne… Écoute bien : la *marchandise,* mon enfant… c'est TOI.

Fille — Moi ?

Mère — Oui, toi.

Fille — …

Mère — Tu veux aller sur le marché du travail, non ?

Fille — Oui, maman.

Mère — Et qui magasine sur le marché du travail ?

Fille — Heu… le Château ?

Mère — Oui, enfin, les entreprises. Et que magasinent-elles, les entreprises ? Hum ?

Fille — … Moi ?

Mère — Bravo ! Toi. Ou, enfin, ta personnalité. Ton cœur, ta façon de voir le monde, tes humeurs, tes tics, tes envies, ton intimité et ton âme. Tu te dois donc de les conformer aux besoins de l'entreprise. Mais attention, les entreprises sont des amantes tantôt jalouses, tantôt volages. Imprévisibles, calculatrices, perspicaces et malignes. Ne les enjôle pas qui veut.

Fille — Maman, tu me fais peur…

Mère — Que veux-tu, ma pauvre enfant, comme nous tous, tu es une marchandise sur le marché du travail. Et comme il est aujourd'hui capricieux et changeant, la tâche est une lutte de tous les instants. C'est en sachant te vendre que tu pourras vendre le reste. Plus tu seras malléable, plus le marché te convoitera.

Fille, ***découragée.*** — Mais je ne pourrai jamais y arriver.

Mère — Si tu ne le fais pas, qui le fera à ta place ? Et attention, les employeurs ont le nez fin. Si d'aventure ton sourire, ton entrain s'avèrent artificiels, ils le détecteront ***(Claque des doigts.)*** comme ça ! Et ils passeront à un autre choix ! Pour être compétitive, tu dois être authentique, transparente, sincère. Ton être tout entier doit correspondre, réellement, à la définition de la tâche pour laquelle tu postules. Ton travail doit être ta passion, une chose sans laquelle la vie n'aurait tout simplement pas de sens. Au moment où tu dis « bonjour, merci, au revoir, est-ce que je peux vous aider ? », c'est l'entreprise qui le dit à travers ton être. Car c'est en son nom qu'on t'autorise à prendre la parole.

Fille, ***découragée.*** — Maman, je sens que tout cela est au-dessus de mes forces.

Mère — Ma chérie, ne t'inquiète pas, je suis là. La voie royale qui te mène à tout ça, c'est le sourire.

Ton sourire. Ou plutôt, *tes* sourires, car il y en a plusieurs.

Fille — Plusieurs ?

Mère — Oh, leur nombre est incalculable... mais on peut les regrouper en sept catégories qui, tout comme les couleurs, se déclinent à l'infini, du plus pâle au plus foncé. Le premier, c'est l'avenant. (***Elle sourit.***) Il y a ensuite l'entreprenant, le prévenant, l'exquis, l'audacieux, le carnassier et l'espiègle. (***Elle mime chacun des sourires.***) Répète.

Fille — L'avenant, le... l'audacieux, heu le...

Mère — Fais comme moi. (***Elle fait le sourire « avenant ».***) L'avenant.

Fille, *tentant maladroitement d'imiter le sourire de la mère.* — L'avenant...

Mère — Pas comme ça. (***La mère imite le sourire maladroit de sa fille.***) Comme ça. (***Elle refait son sourire. La fille tente d'imiter le sourire de nouveau.***) C'est mieux. (***Elle s'approche de sa fille et sans délicatesse, place le sourire avec ses doigts.***)

Comme ça. (***La fille y arrive plus ou moins une fois les doigts enlevés.***) Oui, bon…

Lazzi où la mère mime chacun des sourires et demande à la fille de les imiter, se levant parfois pour placer les sourires de la fille avec les doigts, la fille se levant pour examiner de près les subtilités de tel sourire dans le visage de la mère, etc. Peu à peu, le tout prendra un tour inquiétant. La mère, comme un coach intransigeant, va pousser sa fille à bout, en devenant de plus en plus dure et exigeante à mesure qu'avance la séance. La fille, en pleurs, sera obligée de continuer à faire des sourires malgré son épuisement, son humiliation et sa douleur.

Mère, ***les doigts dans la bouche de sa fille pour placer un sourire.*** — Cesse de geindre ! Les entreprises ont en horreur les gens qui ne sont pas heureux.

Fille — Maman, tu me fais mal !

Mère — Tu dois sourire malgré la douleur. Ou plutôt *grâce* à elle. (***Elle lui tord la joue.***)

Fille — Haaaaaa !

Mère — Ton sourire doit être sincère en toute circonstance. (***Elle la gifle.***)

Fille — Haaaaaa !

Mère*, tandis que la fille sanglote.* — Et comprends-moi bien, ma fille : tu ne dois pas t'efforcer de sourire quand tu as mal ou bien n'en ressens pas l'envie. Tu dois pouvoir le faire sincèrement, même quand l'envie te fait défaut. Et tu ne dois pas donner l'impression que tu es avenante (***Fait le sourire.***), ou carnassière (***Fait le sourire.***). Tu dois l'*être*. Au plus profond de ton cœur. Faire semblant, c'est pour les *losers*. Les *winners* ressentent vraiment les émotions qu'ils utilisent pour le profit de leur entreprise. Alors ma fille, tu souhaites devenir une *winner* ou une *loser* ?

La fille*, en pleurs.* — Une *winner*…

La mère — Alors, souris ! Avenant ! Entreprenant ! Prévenant ! Exquis ! Audacieux ! Carnassier ! Espiègle ! (***La fille, à travers les pleurs, fait chacun des sourires.***) On reprend ! Avenant ! Entreprenant ! Prévenant ! Exquis ! Audacieux ! Carnassier ! Espiègle !

Peu à peu, le tout se fait chantant puis devient la chanson* You gotta sell yourself. *Numéro musical.

Refrain : You gotta smile to sell,
So you gotta sell me that smile,
Come out of your shell
Hey what the hell !
Give me a smile that sells!

Here comes the sun, it's a brand new day
The city doors open, so come out and buy.
As business gears up and stores open wide
Come bite off your share of what's waiting inside.

There's handbags, shirts – and, over there, shoes
And – man! – they're looking all sorry and blue
They're waiting for you! So don't you wait,
Go save them from their disconsolate state.

Refrain

The shelves are stacked with chic lingerie
Fashion don't sleep so neither do we!
Move them fast, move them fast, the new season's come
And keep that smile going till your whole face is numb

All those poor people so lost and deprived
Who wander the streets – they're barely alive!
Give them their chance to step up and buy
Their succulent piece of our lucrative pie.

Refrain

Keep selling and selling, don't stop at 'enough' –
There is no 'enough' when selling this stuff.
For the great god of profit, here come his minions
With discount and sales as their chosen religion.

Smile ! You gotta sell it !
Smile ! You've gotta sell ... you !
Smile ! You're selling yourself !
So smile ! And smile !

La mère chante et la fille se joint à elle. Pendant la chanson le père et le fils arrivent et se mettent à chanter également. Quand la chanson est terminée, ils applaudissent, tandis que la fille, elle, est un peu hébétée, épuisée.

Fils — Voilà ce qu'il en coûte, sœurette, de ne pas poursuivre d'études supérieures aujourd'hui.

Père — Oh po, po, mon garçon. Je te trouve bien arrogant.

Fils — Mais papa…

Père — Il n'y a pas de « mais papa » qui tienne.

Fils — Mais quand j'aurai terminé mon doctorat en chimie moléculaire, toutes les entreprises pharmaceutiques de la planète me voudront !

Père — Hé, j'en conviens ! D'autant plus que tes études t'y auront bien préparé.

Fils — C'est ce que je dis.

Père — Pas tout à fait. Toi tu crois, mon grand benêt, que ce sont tes connaissances et ton savoir-faire qui te permettront de tirer ton épingle du jeu. C'est bien ça ?

Fils — Oui, papa, c'est tout à fait cela.

Père, ***ricanant.*** — La connaissance et le savoir-faire, voyez-vous cela… Tu oublies ce que le recteur de ton université affirmait dans les journaux récemment.

Fils — Quoi donc ?

Père — « Les cerveaux doivent correspondre aux besoins des entreprises. »

Fils — …

Père — À ce compte-là, ce ne sont plus des études. C'est du formatage. ***(Il rit.)*** Et combien t'aura coûté cette formation destinée à modeler ton cerveau aux besoins des entreprises ?

Fils, *mal à l'aise.* — Plus ou moins 37 000 $.

Père, *sifflant.* — Une bagatelle ! Alors, là, je dis bravo. Plus ou moins 37 000 $! C'est ce que ça t'a coûté pour devenir une marchandise sur le marché du travail, une aubaine ! Et ça se moque de sa sœur…

Le père s'approche de son fils puis avec ses doigts, il lui forge un sourire.

Père — Avenant…

Fils, *agacé.* — Papa…

Père, ***répétant, mais autoritaire cette fois-ci, et mimant le sourire.*** — Avenant.

Fils, ***reproduisant maladroitement le sourire.*** — Avenant…

Père — Entreprenant. Prévenant. Exquis. Audacieux. Carnassier. Espiègle.

Il entame la chanson **You gotta sell yourself.** ***La mère et la fille se joignent à lui.***

SCÈNE 9
Le grand bazar

Le salon. La famille lit des extraits de livre

Fils — La vendeuse s'approcha de lui en souriant. L'homme lui rendit son sourire, timide. « Est-ce que je peux vous aider ? » lui dit-elle, le regard brillant. Son regard à lui s'égarait dans les étalages colorés. Les 394 000 produits du magasin vibraient à l'unisson, comme autant de fétiches, divinités mineures d'un culte ancien et mystérieux.

Rue Sainte-Catherine, *Thérèse Dupré*

Mère — Dans le monde qui était le leur, il était presque de règle de désirer toujours plus qu'on ne pouvait acquérir. Ce n'était pas eux qui l'avaient décrété ; c'était une loi de la civilisation, une donnée de fait dont la publicité en général, les magazines, l'art des étalages, le spectacle de la rue, et même, sous un certain aspect, l'ensemble des productions communément appelées culturelles, étaient les productions les plus conformes.

Les choses, ***Georges Perec***

Majordome — Que veulent ces foules ? Rien que ce que la bourgeoisie veut. Rien que ce que la bourgeoisie a. Il ne paraît plus à personne que l'argent que la bourgeoisie a soit haïssable. Parce qu'il ne paraît plus à personne que ce qu'est la bourgeoisie soit haïssable. Parce qu'on ne rêve que de cela : être soi-même à son tour la bourgeoisie. Un pauvre rêve s'est formé qui semble pouvoir remplacer tous les rêves : non pas être le contraire de la bourgeoisie (sa fin annoncée) ; même pas être la bourgeoisie à la place de la bourgeoisie (son renversement) ; mais être la bourgeoisie avec elle – *faire partie d'elle.*

L'argent ou la ruine du politique, ***Michel Surya***

Fille — Ainsi le centre d'achats ou le grand magasin ou sa variante contemporaine qu'est Amazon déclinent une invariable variété ; tout est nouveau en autant que ça soit ancien et éprouvé ; tout se décline à l'infini en autant que la substance ne change jamais ; l'invariable est à la mode, et la mode est ce qui déguise en nouveauté ce qui ne change jamais.

Mein Weltbuildung, ***Kurt Winckelmann***

Fils — Les pauvres et les riches ont profondément changé : les premiers ont été transformés en une foule semi-clandestine ; les seconds, en roue libre, se sont mis à enfourner et recracher du fric comme un distributeur détraqué. Alors que tout autour est dans le Zola ou dans le Barbara Cartland, le milieu du tableau continue à avancer prudemment en plein ciel après avoir perdu le contact avec la planète. Mais il y a une puissance permanente de l'objet qui nous arrime – acheter une guitare. On est, toute la semaine, flous – levés tôt, trimballés dans les transports, tout juste tiltés par une gorgée de café. Acheter quelque chose, tenir quelque chose, c'est être moins flou – la guitare nous donne des contours, la robe une forme.

Que faire des classes moyennes ?, ***Nathalie Quintane***

Fille — Ce qui m'étonne, des jours, même, ça me fait peur, c'est le plaisir que je ressens à m'acheter quelque chose. Ça peut être un balai parce qu'il m'en faut un neuf. Une chemise ou une paire de souliers parce que j'ai l'impression d'avoir plus rien à me mettre. Ou un livre, une affiche ou des tasses parce que rien. Ce qui me fait peur, c'est que l'objet importe peu. Ce qui me fait peur, c'est le plaisir de l'achat en lui-même. De la transaction. De l'accaparement. Le sentiment de souveraineté que ça me donne. D'ivresse aussi. De *high.* Comme si j'accomplissais quelque chose. Arrivais quelque part. Ce qui me fait peur, c'est que cette sensation-là n'a pas d'autre but que de permettre à la structure économique qui la génère de prendre de l'expansion.

El paradigma dell'oro, ***Carmina Lopez***

Fils — Si le capitalisme ne fonctionne qu'en produisant de la motivation, il engendre pourtant de nos jours la destruction du désir, celui du consommateur, celui du travailleur. Si le capitalisme industriel est devenu bête, c'est qu'il nourrit nos pulsions en même temps qu'il achève nos désirs.

La pulsion et le désir s'opposent comme le fini et l'infini. La pulsion, systémiquement installée par le consumérisme, repose sur la possession d'un objet voué à être consommé, c'est à dire consumé, c'est à dire détruit.

Réenchanter le monde, ***Bernard Stiegler***

SCÈNE 10
La nouvelle lampe

Théâtre d'objets : sur une table, divers objets qui serviront à illustrer la transformation du minerai pour la fabrication d'une lampe. Une caméra répercute les images sur un écran.

a) *<u>On voit l'extraction de matières premières dans un décor minier épouvantable, quelque part en Afrique.</u>*

Un camion s'approche. Des figurines apparaissent. Le camion miniature est chargé de minerai.

Image sonore : on entend les bruits de forage, de camions qu'on charge, d'ordres aboyés (en diverses langues) par des contremaîtres peu amènes.

b) *<u>Puis le transport de cette matière en bateau jusqu'en Chine.</u>*

Le camion est déchargé et on transfère sa cargaison sur un bateau. Le bateau navigue un temps, atmosphère océanique, jusqu'en Chine.

Là, la matière première est transformée en tiges de métal. On voit apparaître des tiges de métal. Les tiges sont chargées sur un convoi ferroviaire et acheminées jusqu'en Inde.

On entend là encore des ordres de contre-maître (en hindi). Le bip-bip d'un camion qui recule, les moteurs du bateau, le bruit des vagues sur la coque, le son du chemin de fer.

c) *Au Bangladesh, cette fois-ci, dans un* sweatshop *où l'on fabrique des lampes.*

Les tiges de métal sont transformées en lampes : un ouvrier plie la tige de métal, lui donne une forme. Les quelques lampes modelées ainsi sont à nouveau chargées dans un conteneur, qui lui est posé sur un bateau qui se dirige vers l'Amérique du Sud.

On entend le bourdonnement du sweatshop, *le rythme des machines, les ordres là encore, cette fois-ci en bengali. La rumeur des ouvriers ; un cri aussi, comme si quelqu'un se blessait, avec le brouhaha qui s'ensuit.*

d) *En Amérique du Sud où, dans une usine aux mesures de sécurité bancales, des travailleurs ajoutent des abat-jour aux lampes et mettent celles-ci en boîte, individuellement.*

On entend le bourdonnement de l'usine, celui d'une machine pliant des boîtes ; des ordres de contremaître (en espagnol), le bruit d'un paquet de lampes qu'on échappe et qui se fracassent sur le plancher de ciment.

e) *Transport pour l'Amérique du Nord, Montréal, où on les place dans un magasin.*

Bruits de gros camions-remorques et d'employés du soir qui placent les lampes sur les tablettes en parlant de hockey et en écoutant du gros rock à la radio ou encore de la musique dance.

f) *Dans le magasin, le père et la mère magasinent et achètent la lampe.*

On entend de la musique d'ambiance, très feutrée.

e) *À la maison, la famille est réunie autour de l'objet : on déballe et installe l'objet, on allume la lampe… qui pète immédiatement ! Le feu prend dans l'abat-jour ; ou la lampe se désagrège d'une quelconque façon… Le père la met aux vidanges.*

SCÈNE 11
L'embouteillage

La famille est prise dans un bouchon de circulation.

Père — Oh boy, c'est bloqué, bloqué, bloqué, là… on en a pour une bonne demi-heure…

Mère — C'est partout pareil.

Père — Oui, mais c'est toi qui voulais qu'on passe par ici… j'aurais dû prendre la 20…

Fille — Mets donc la radio, p'pa.

Le père ouvre la radio. On y entend le sociologue Gilles Gagné.

Voix — La classe moyenne va s'en aller vers des idéaux différents et qui sont actuellement, à mon avis, assez dangereux, assez dangereux des deux bouts… Au moment du Brexit, on a dit : ahhh, des xénophobes… pas instruits… ah ben oui, ça c'est le bas de la classe moyenne… c'est le bas de la classe moyenne qui est xénophobe... On fait des guerres partout sur la Terre et on envoie dans les pays développés les surplus de population pour occuper les emplois mal payés... c'est sûr que le bas de la classe moyenne devient anti-immigrants... Une société qui s'en va vers la classe moyenne, c'est une société généreuse, une société intégratrice, une société, je ne sais pas si tu vois, qui a un idéal qui est à portée de main pour tout le monde... Bon, mais une société où, tout à coup, par les deux bouts, ça éclate, eh bien... par un bout, tu vas voir la haine du *maudit étranger* qui prend ta *job*, qui menace de te jeter dans le chemin parce qu'il travaille pour moins cher, et par l'autre bout, tu vas avoir le haut de la classe moyenne qui va s'identifier à l'*overclass*, aux voyages, aux citoyens de la Terre, au cosmopolitisme, *la Terre appartient à tous les enfants de Dieu*, l'ouverture, la circulation, les voyages, etc. Et de ce groupe-là, tu as actuellement, qui se forme à même la classe moyenne supérieure, ce que j'appellerais un néolibéralisme de gauche. Tsé. La fin des sociétés, *communautés je vous hais !* comme dit Negri, il faut mettre fin aux communautés ! Passer à un univers unifié, si c'est fait par le capitalisme, on s'en fout, c'est une ruse de l'histoire ! Le capitalisme détruit les frontières, les communautés, les particularismes, les régions, les localités, il ouvre tout à la circulation, et voici enfin arrivée l'ère des multitudes ! L'ère des multitudes, c'est la liberté circulante des atomes qui par leur contact vont se recombiner en toutes sortes de trucs… temporaires… La politique sans *nous*… comme le dit l'un de nos collègues, c'est-à-dire qu'on n'a plus besoin du *nous*, on peut avoir toutes sortes d'émoi collectif, d'élan soudain, de partages instantanés. Les multitudes se recomposent dans toutes sortes de directions sans être tenues par le fascisme des traditions, de l'obligation, de la famille, etc. La classe moyenne est ce néolibéral de gauche. Et elle est aussi ce populisme xénophobe… Qu'elle soit cosmopolite ou xénophobe, c'est la même classe. C'est la décomposition de l'idéal d'une société modeste où il y en a assez pour tout le monde. Nous, on est une société excessive où il va en manquer pour tout le monde…

Fils — Papa, sérieux, c'est plate à mort… mets de la musique, fais quelque chose !

Le père change de poste. On entend* Save your soul *de Céline Dion.

SCÈNE 12

Il ne faut pas l'indisposer !

On est dans le bureau du premier ministre. Celui-ci bosse à son ordinateur. De temps en temps, il se tourne, craintif, vers un rideau d'où parvient une légère brise.

Attachée politique, *surgissant.* — Monsieur le Premier Ministre ?

Premier ministre — Oui ?

Attachée politique — C'est la classe moyenne.

Premier ministre — Qu'est-ce qu'elle veut encore ?

Attachée politique — Elle aimerait une audience.

Premier ministre — Une autre ?

Attachée politique — Préférez-vous que je l'éconduise ?

Premier ministre, ***agacé.*** — Non, non. À mi-mandat, c'est plus simple de la recevoir… fais-la entrer.

L'attachée sort, un couple entre.

Homme, Femme, ***timidement.*** — Monsieur le Premier Ministre ?

Premier ministre — Bonjour mes amis. Qu'est-ce que je peux faire pour vous en cette magnifique journée ?

Homme — On vient vous voir… à propos de l'école du quartier.

Premier ministre — Oui ?

Femme — Écoutez, l'édifice est dans un état de dégradation pas mal avancé. La plupart des fenêtres ferment mal ; l'hiver, c'est intenable, les classes deviennent de vrais frigos.

Homme — En plus, les briques de la façade tombent, la direction a été obligée de condamner toute la devanture de l'école.

Tout le long des explications de l'homme et de la femme, le premier ministre a un air contrit de circonstance.

Premier ministre — Vous m'en voyez navré.

Temps. Le premier ministre continue à arborer son air contrit, hochant la tête en regardant la famille. Les parents le contemplent, interdits.

Premier ministre, *allumant.* — Oh ! Vous... vous voudriez que... vous vous attendez à de l'aide ? À une aide, disons, directe ? C'est ça ?

Femme — Bien... idéalement...

Une bourrasque soudaine agite le rideau.

Premier ministre, *regardant vers le rideau.* — Hou...

Homme — Avec ce qu'on paye comme impôts, il me semble que...

Le rideau se soulève de nouveau sous l'effet de la brise. Tout le monde frissonne. Le premier ministre relève le col de son veston.

Premier ministre — Parlons pas « impôts », voulez-vous ? Ça l'ennuie beaucoup.

Homme — Hein ? Qui ça ?

Premier ministre — Qui ? Eh bien… l'ordre des choses.

Femme — L'ordre des choses ?

Premier ministre, ***tentant de pousser le sujet sous le tapis.*** — Oui, l'ordre des choses. De… du monde. Enfin, c'est… une chose… compliquée. Délicate. C'est quelque chose de… d'extrêmement sensible voyez-vous, pas à la portée de tout un chacun. Heureusement pour vous, je m'y connais et, comme je l'ai promis pendant la campagne, je m'en occupe !

Le premier ministre sourit benoîtement.

Femme, ***se montant.*** — Faut que vous compreniez l'état lamentable de cette école-là ! Il commence à y avoir des champignons dans les conduites d'aération ! Si ça continue comme ça, on va…

Premier ministre — Mais ma pauvre dame, vous mettez pas dans cet état-là ! ***(Regardant le rideau.)*** Bon… ouais… je peux toujours soumettre la requête. Vous direz pas que… je fais rien pour vous.

Le premier ministre disparaît derrière le rideau. On entend un conciliabule étouffé. Une voix de basse, un peu hargneuse, répond à la voix de ténor du premier ministre. On n'entend pas ce qu'ils disent exactement. Le premier ministre revient, l'air piteux.

Premier ministre — C'est bien ce que je craignais. Bon. Écoutez : c'est parce qu'en ce moment, la province est en période d'évaluation. C'est un moment très sérieux. Une augmentation des dépenses publiques en ce moment, ça serait suicidaire. Vous voudriez pas qu'on se retrouve à traverser le prochain trimestre handicapés par une cote en baisse ? Croyez-moi, c'est la dernière chose que vous voulez.

Femme — Cette école-là, c'est une ruine ! Attendez-vous qu'un enfant se blesse ou meurt pour…

Premier ministre — Faites un lave-auto.

Homme — Pardon ?

Premier ministre — Un lave-auto. Ou encore vendez du chocolat. Tout le monde aime le chocolat.

Homme — Vendre du chocolat ? On parle pas de faire une classe de neige ! Il y en a pour des centaines de milliers de dollars en réparations !

Premier ministre — Tut tut tut, tout de suite les grands mots ! Charité bien ordonnée commence par soi-même ! Impliquez-vous, c'est l'avenir de vos enfants et de vos petits-enfants ! Ne demandez pas ce que l'État peut payer pour vous, mais ce que vous pouvez payer pour l'État ! Etc.

Quelque chose d'autre ?

Homme — Oui… heu… ma mère est dans un centre de soins pour personnes âgées et je dois dire que les conditions sont loin d'être idéales, c'est déprimant ! Ils donnent seulement un bain par semaine, et comme ma mère a des plaies de lit à force de rester couchée… ça rend sa vie difficile, les plaies s'infectent. En plus, elle a toujours été une femme coquette. Un bain par semaine, c'est humiliant pour elle.

Premier ministre, ***hoche de nouveau la tête d'un air contrit.*** — Oui, je comprends bien. Ce n'est pas toujours facile… Et plus concrètement ?

Homme — Comment, plus concrètement ? Je vous parle de ma mère, de ses conditions de vie… qu'est-ce qu'il vous faut de plus concret ?

Premier ministre — Bien… vous me parlez de « déprime », de « coquetterie », d'« humiliation », de « dignité ». C'est pas très tangible tout cela. Comment voulez-vous qu'on s'y retrouve ?

Femme — Mais vous, vous trouvez qu'un seul bain par semaine, pour des personnes qui ne sont plus autonomes, c'est suffisant ?

Premier ministre, ***en regardant le rideau.*** — Ce que je pense, moi, est pas tellement en jeu ici… Vous, qu'est-ce que vous avez en tête ?

Femme — Bien, un bain un jour sur deux, ça me semble un minimum. Non ?

Brise de nouveau.

Premier ministre — Ho, ho, un jour sur deux… (***Brise de nouveau.***) Bon, laissez-moi vous ramener à la belle concrétude du plancher des vaches. Savez-vous combien coûte un bain à l'État ?

Homme — Non.

Premier ministre — 27 dollars et 83 sous.

Homme — Tant que ça ?

Premier ministre, *moqueur.* — Oui ! Tiens donc ! *Tant que ça.* Et moi je vous parle pas de « coquetterie » ou de « caprice ». Je vous parle de colonne, de débit, de crédit. Bref, du tangible et du quantifiable. L'employé qui lave votre mère est payé 22 dollars de l'heure – vous pouvez remercier les syndicats. Donner un bain prend 17 minutes et 43 secondes. À un taux horaire de 22 dollars, cela fait donc 5,77 $. Ajoutez l'eau chaude : 8 litres, à 30 sous du kilowatt, ça nous fait 4,22 $. Ajoutez 35 cennes de savon, 27 cennes de shampoing. Comptez ensuite la buanderie pour la débarbouillette et la serviette, et vous arrivez au montant total de 27,83 $. Une semaine contient sept jours. Un bain un jour sur deux nous obligerait donc à tripler ce montant. Le tripler ! (***Le rideau s'agite, tout le monde frissonne.***) Et vous, pour une sinueuse question de dignité, vous voudriez que je ponctionne un budget provincial déjà mal en point ? Je comprends l'attachement que vous éprouvez pour la vénérable aïeule, mais ce que je ne comprends pas, c'est en quoi ça concerne mon gouvernement… sans parler des contribuables ! C'est *votre* mère, quoi ! C'est tout de même singulièrement égoïste de votre part d'en imposer la charge à tout le monde, non ? Vous voudriez pas laisser un pays exsangue à vos descendants ? Hein ? Si on protège pas notre capacité d'emprunter sur les marchés, en dépensant un argent que nous n'avons pas, une richesse que nous ne créons plus, le marché va nous abandonner, ni plus ni moins ! Mais, écoutez, pas en reste de suggestions, voici ce que je vous propose : faites contre mauvaise fortune, bon cœur ! Profitez de cette occasion pour *renouer* avec vos aînés !

Femme — Comment ça, renouer avec…

Premier ministre — Rien comme le contact physique avec les proches pour rallumer cette vieille flamme au fond des cœurs usés ! Grâce à une provision de la nouvelle convention avec les syndicats, les établissements vous offrent la possibilité de laver vous-mêmes vos proches ! Et autant de fois que vous voulez ! Une fois, deux fois, huit fois ! Les syndicats vous font cette grâce ! Des serviettes et du savon sont disponibles en location dans tous les établissements du réseau ! Demandez simplement le « kit pour lavage familial », 3,99 $ par heure. Voici d'ailleurs un bref tutoriel à l'usage des familles de la clientèle du réseau. ***(L'assistante du premier ministre amène une trousse et un mannequin médical.)*** Assurez-vous de positionner le client en misant sur vos jambes (on veut pas que vous veniez alourdir vous-mêmes le réseau avec des maux de dos !) ; puis frotter vigoureusement le dos du client (ça va faciliter sa respiration et il sera plus éveillé et plus participatif). Ensuite, vous le retournez doucement et vous décrassez la façade avant. Puis, pour un supplément de 6,78 $, on vous fournit un onguent pour apaiser les plaies de lit. Lavez vos mains soigneusement et appliquez généreusement la pommade sur les surfaces inflammées. Vous pouvez encore, pour un modeste supplément, obtenir une brosse spéciale et un brumatiseur parfumé pour rafraîchir le méat anal, d'où la plupart des odeurs incommodantes proviennent.

De plus, une carte vous permet d'accumuler des points-couches : avec cinquante points, obtenez un ensemble de 10 couches luxueuses, gracieuseté de notre partenaire OxiCouches, une entreprise d'ici.

Faites participer vos enfants ! C'est une excellente occasion de les sensibiliser à la prévention en santé, et aussi de leur permettre de renouer avec leurs aïeux !

En découvrant des corps abîmés, en surpoids, déliquescents, ça leur donne un sérieux avertissement : vous êtes responsables de chacun des kilos de chair que vous accumulez dans cette vie ! Chaque kilo vous sera à charge ! L'État peut pas manger à votre place ! Ni se soigner à votre place ! Tout kilo de chair raconte une histoire ; faites en sorte qu'elle soit la bonne !

Premier ministre — Haaaaa, vous ne trouvez pas qu'il fait plus chaud ?

Il enlève son foulard.

Femme, *frissonnant en remontant son col.* — Parlez pour vous… C'est quand même complètement…

Premier ministre — Comment ?

Homme — Ma mère, c'est pas un mannequin !

Premier ministre — En effet, j'en conviens.

Femme, ***outrée.*** — Comment est-ce que vous pouvez…

Premier ministre — Pour vous aider à vous acclimater, nous avons des bénévoles. Madame Levasseur ?

Madame Levasseur (*des coulisses*) — Oui ?

Premier ministre — Pouvez-vous venir me rejoindre ? J'ai des contribuables, ici, qui ont besoin de vos services.

Une femme âgée arrive, vêtue d'une robe de chambre bleue, aux couleurs du gouvernement. Elle marche difficilement, avec une marchette. Elle porte sous son bras une petite bassine. Elle la laisse tomber par terre, s'installe, debout, dedans, puis laisse tomber sa robe de chambre. Elle est complètement nue.

Premier ministre, ***tendant à l'homme une débarbouillette.*** — À votre tour maintenant.

L'homme, mal à l'aise, n'ose ni regarder la femme, ni la main tendue du premier ministre.

Premier ministre — Ne soyez pas timoré. Elle est habituée. Elle sert à ça.

Premier ministre, ***tendant maintenant la débarbouillette à la femme.*** — Non ?

La femme n'ose pas, ne sait où regarder.

Premier ministre — Écoutez, s'il n'y a pas autre chose... ***(Ils ne réagissent pas, encore sous le choc.)*** Je continuerais bien à jaser, mais j'ai un dignitaire à recevoir, vous m'excuserez. ***(Il appelle son attachée politique via l'interphone.)*** Madame Fortin !

L'attachée politique apparaît.

L'attachée politique — Oui Monsieur ?

Premier ministre — Pouvez-vous reconduire madame et monsieur ?

L'attachée politique — Par ici.

Ils sortent.

Premier ministre — Merci Madame Levasseur. Ce sera tout.

SCÈNE 13
Nous avons un plan !

Un personnage survient. Une sorte de brahman échappé de la nuit des temps.

Brahman — Il est dit le Libor de ce jour !

Les communiants répètent le Libor. (Le taux de prêt interbancaire mondial s'affiche en projection.)

Brahman — Il est dit le taux directeur de la Banque centrale !

Les communiants énoncent le taux directeur de la Banque centrale, en consultant leur cellulaire.

Brahman — Elle est déterminée la cotation de crédit des Nations !

Les communiants énumèrent les cotes de crédit :

Noms des pays, suivis de : AAA, AA, AA+…

Brahman — Le pouvoir n'est plus dans la *production,* mais dans l'*évaluation – la spéculation* ; plus dans le *travail,* mais dans *l'opinion.*

Les communiants — Je suis perception, je suis promission, je suis anticipation.

Brahman — Vous direz à vos fils et vos filles de la classe moyenne : au dernier moment, la satisfaction que procure le *solde final* te sera impartie ; mais d'ici là, les remboursements ne se feront pas en argent, mais en employabilité.

Les communiants — Je suis prêt ! Toujours prêt ! Je suis employable !

Brahman — Tu rédimeras l'irrémédiable en étant souple, corvéable, adaptable. Nous avons un plan pour toi ! Nous avons les ergothérapeutes, les sociologues du travail, les relationnistes, les orienteurs.

Les communiants — Souple, corvéable, positif, proactif, protéiforme !

Brahman — Tu seras ta propre entreprise, ton propre *capital-travail* ; tu seras ce qui est.

Les communiants — Celui qui est. Qui est disponible. Dont on dispose.

Brahman — Elle fut un *leurre* la classe moyenne, une illusion, un songe creux voué à l'oubli dans les siècles des siècles !

Les communiants — Une parenthèse, une anomalie, une fausse couche.

Brahman — Il n'y a pas de communauté au-delà de ceux qui sont endettés envers l'un ; il y a un seul créditeur, un seul credo, un seul crédit.

Les communiants — Un seul credo, un seul crédit !

Brahman — Écoute, ô débiteur !

Les communiants — J'écoute, j'écoute !

Brahman — Nous sommes quelques-uns à faire le sacrifice de nos vies pour étudier les interfaces sacrées, entre toi et le crédit ! Nous avons les scribes, nous avons les algorithmes, nous avons les bréviaires de conformité. *Do not fuck with us !*

Les communiants — *We will not, we will not !*

Brahman — Chaque transaction est un évangile. Par un jeu de doigt, au guichet, tu lui imprimes un mouvement : tu dessines ta dette avec un code ; le tien, ton nom secret, ton identité ultime, ton *numéro d'identification personnel* !

Les communiants — NIP ! 3452 NIP ! 5467 NIP ! 6457 NIP ! 9849 !

Brahman — La carte de ton crédit est un palimpseste inépuisable ; rien de ce que tu DOIS ne sera oublié ; rien de ce que tu SOUHAITES ne sera ignoré ; rien de ce que tu ES n'échappera à l'évaluation !

Les communiants — Il n'y a plus d'ombres.

Brahman — Tu nais à la lumière cathartique.

Les communiants — Une pure circulation, une pure identité à soi-même multipliée par la surface de la dette.

Brahman — Les anciennes communautés seront dissoutes.

Chœur — Les anciennes dettes seront effacées.

Brahman — Le livre des comptes a remplacé le livre des heures !

Le reste est poussière…

Images projetées de l'organigramme du début, qui se délite, se fragmente, devient une sorte d'averse de neige, de poussières, une pluie silencieuse, une atomisation généralisée.

Épilogue

Le fils et la fille entrent en scène. Il est muni d'un sablier, elle, d'un ballon de football. Ils s'adressent à la salle.

Fils — D'après François-Xavier Verschave, il existe deux types de sociétés. Celle en forme de sablier… (***Exhibe son sablier.***)

Fille — Et celle en forme de ballon de football. (***Exhibe son ballon de football.***)

Fils — La société en forme de sablier est composée d'un gros paquet de richesse en haut d'un gros paquet de misère en bas avec un milieu gros comme ça. (***Montre le milieu du sablier.***) Puis quand on se trouve au milieu, c'est plus facile de tomber pour aller dans la misère que de grimper pour se retrouver au top. Dans ce modèle-là, c'est le haut qui décide des règles. Mais, il ne les suit pas. Il ne les suit pas pour la simple raison que le milieu et le bas n'ont pas les moyens de se constituer en contre-pouvoir. On peut prendre l'exemple de la crise de 2008, quand aux États-Unis, les banques ont été sauvées par de l'argent public. Mais le monde qui a tout perdu à cause des banques, l'État l'a laissé sur le chemin.

Fille — Dans les sociétés en forme de ballon de football, c'est une autre histoire. Il y a un petit peu de richesse démesurée à un bout, un petit peu de misère noire à l'autre. C'est l'entre-deux qui est immense, bien joufflu, bien dodu. L'avantage de ce milieu-là, c'est qu'il est assez gros pour être un contre-pouvoir, assez gros pour être une force politique, assez gros pour avoir les moyens de veiller à ses intérêts de classe.

Toute la famille se rhabille, comme à l'arrivée, et sort du théâtre.

FIN

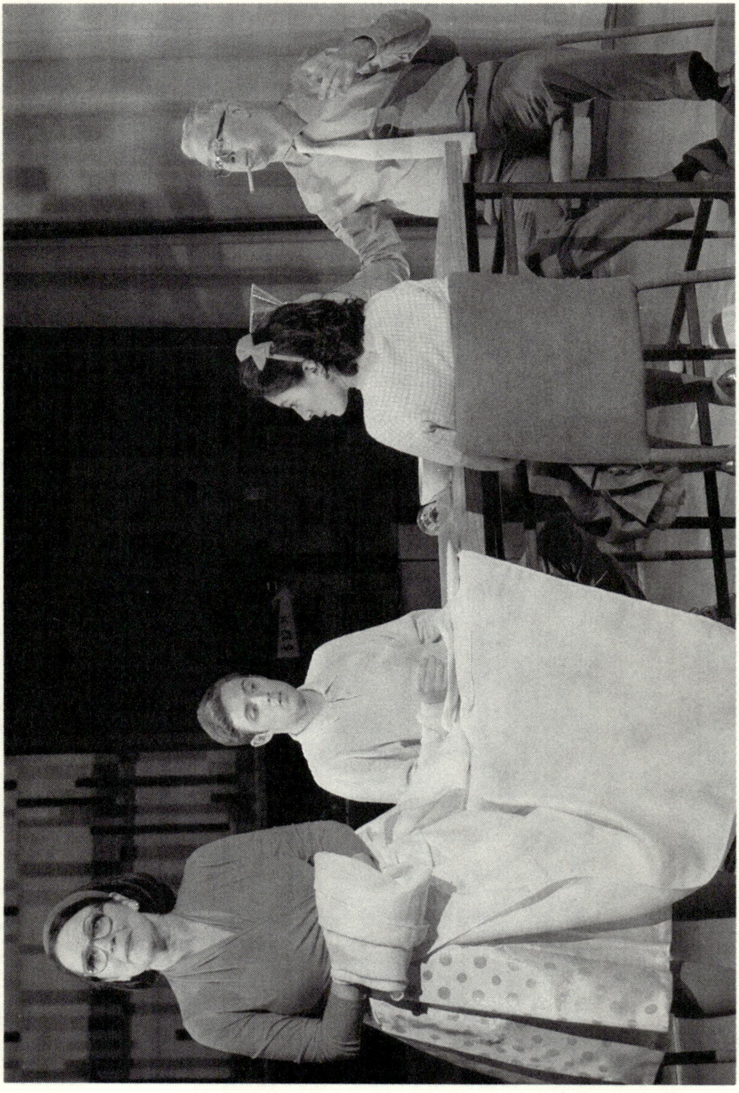

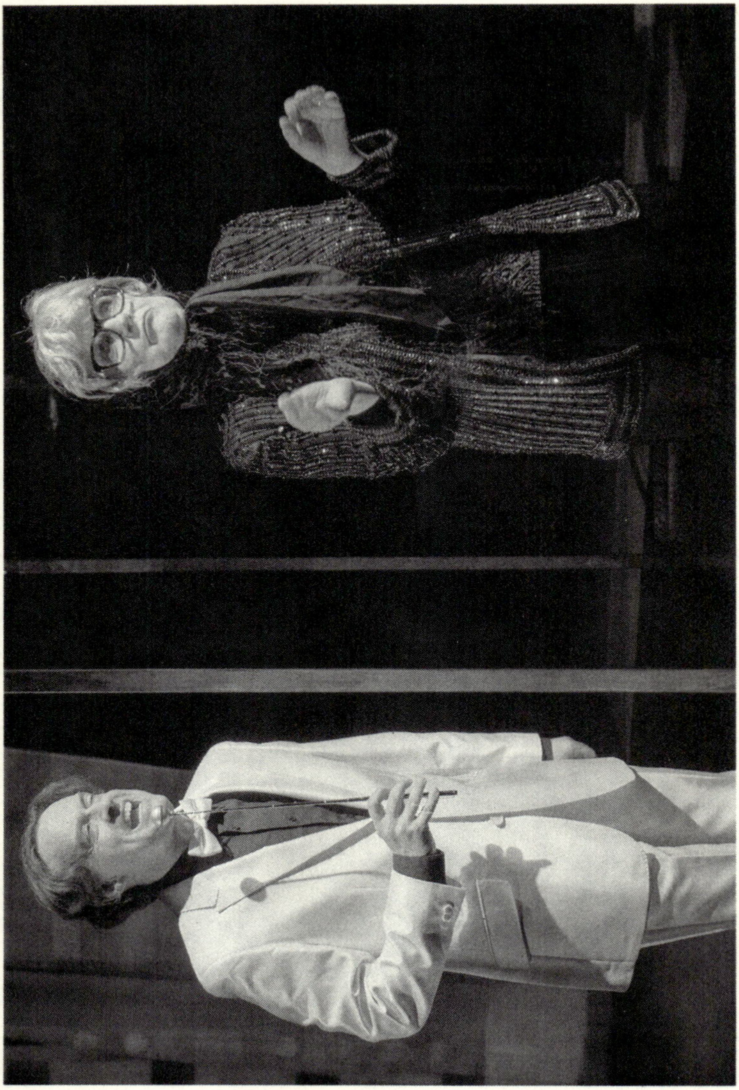

Table des matières

Au catalogue

Madeleine Allard
Quand le corps cède, nouvelles, 2016

Jean-Pierre April
Histoires centricoises, nouvelles, 2017
Méchantes menteries et vérités vraies, nouvelles, 2015

Nicolas Bertrand
Déjà, roman, 2010

Emmanuel Bouchard
Les faux mouvements, nouvelles, 2017
La même blessure, roman, 2015
Depuis les cendres, roman, 2011
Au passage, nouvelles, 2008

Françoise Bouffière
La Louée, roman, 2009

Véronique Côté et Steve Gagnon
Chaque automne j'ai envie de mourir, secrets, 2012

Geneviève Damas
Histoire d'un bonheur, roman, 2015
Les bonnes manières, nouvelles, 2014
Si tu passes la rivière, roman, 2013

Fanie Demeule
Déterrer les os, roman, 2016

Dominique de Rivaz
Rose Envy, roman, 2015

Camille Deslauriers
Les ovaires, l'hypothalamus et le cœur, nouvelles, 2018

Sarah Desrosiers
Bon chien, roman, 2018

Lynda Dion
Grosse, roman, 2018
Monstera deliciosa, roman, 2015
La Maîtresse, roman, 2013
La Dévorante, roman, 2011

Sinclair Dumontais
La Deuxième Vie de Clara Onyx, roman, 2008

Valérie Forgues
Janvier tous les jours, roman, 2017

Jean-Guy Forget
After, roman, 2018

Nicholas Giguère
Quelqu'un, 2018
Queues, 2017

Julie Gravel-Richard
Enthéos, roman, 2008

Pierre Gobeil
Splendeurs et misères de l'homme occidental, roman, 2015
L'Hiver à Cape Cod, roman, 2011

Jean-Luc Lagarce
Juste la fin du monde, théâtre, 2016

Marie-Claude Lapalme
Le bleu des rives, nouvelles, 2016

Maryse Latendresse
Harakiri, roman, 2018

Daniel Leblanc-Poirier
Nouveau système, roman, 2017

Claire Legendre
Making-of, roman, 2017

Hélène Lépine
Un léger désir de rouge, roman, 2012

Stéphane Libertad
L'Odyssée d'Yval, roman, 2018
La Baleine de parapluie, roman, 2012
La Trajectoire, roman, 2010

Alexis Martin
Camilien Houde, « le p'tit gars de Sainte-Marie », théâtre, 2017

Maxime Olivier Moutier
L'inextinguible, entretiens, 2018

Ricardo Monti
Hôtel Columbus, théâtre, 2018

Anne Peyrouse

Tu ne tueras point, roman, 2018

Passagers de la tourmente, nouvelles, 2013

Maude Poissant

Saccades, nouvelles, 2014

Sina Queyras

Autobiographie de l'enfance, roman, 2016

Éric Simard

Martel en tête, roman, 2017

Le Mouvement naturel des choses, journal, 2013

Être, nouvelles, 2009

Cher Émile, roman épistolaire, 2006

Olivier Sylvestre

noms fictifs, récits, 2017

Vincent Thibault

La Pureté, nouvelles, 2010

Maude Veilleux

Prague, roman, 2016

Le Vertige des insectes, roman, 2014

Entièrement consacré à la fiction,
Hamac propose des textes
profondément humains qui brillent
par leur qualité littéraire.

Si vous avez aimé celui-ci,
nous vous invitons à découvrir
les autres titres de notre catalogue.
Ils vous plairont sûrement.

Pour soumettre un manuscrit ou obtenir plus d'informations,
visitez le site www.hamac.qc.ca

Hamac est dirigé par Éric Simard.

Vente de droits

Mon agent et compagnie
Nickie Athanassi
173 et 183 Carré Curial
73000 Chambéry, France
www.monagentetcompagnie.com
help@monagentetcompagnie.com

Tous les livres de Hamac sont imprimés sur du papier recyclé, traité sans chlore et contenant 100 % de fibres postconsommation. En respectant les forêts, Hamac espère qu'il reste toujours assez d'arbres sur terre pour accrocher des hamacs.

COMPOSÉ EN ARNO PRO CORPS 13
SELON UNE MAQUETTE RÉALISÉE PAR PIERRE-LOUIS CAUCHON
CET OUVRAGE A ÉTÉ ACHEVÉ D'IMPRIMER EN JUILLET 2018
SUR LES PRESSES DE L'IMPRIMERIE MARQUIS
AU QUÉBEC